わたしの日仏交流史研究ことはじめ

レオンス・ヴェルニーから大佛次郎まで

市川慎一

彩流社

目次

序文

阿尾安泰《あおやすよし》（九州大学大学院言語文化研究院教授）

今回市川慎一先生から序文を依頼されて、あらためて自覚したことがある。物事を振り返って考えることができないのである。普通の人であれば、これまでの軌跡を辿り直して、現在の状況を作り出した起点を見いだすことができるはずである。原点、出発点、記念日など、少なからぬ里程標をその人生に置くことができるであろう。

ところが、そうしたことが不得意なものにとって、序文は実に手強い。市川先生を巡って書こうとしても、題材に乏しいのである。そして、また先生との関係も序文向きのものとは異なった様相を呈している。まず先生に指導教官になっていただくという幸運に恵まれたことはなく、また先生と学舎を同じくする同窓生というわけでもない。同郷というわけでも、また親族というわけでもない。確かに、専門が十八世紀フランス研究ということで接点はあるものの、以前から敬愛をこめて、心密かに命名してきているモンペリエ学派に、小生が属しているわけでもない。

ここで、脱線を許していただき、このモンペリエ学派について一言。日本の現在の十八世紀研究は、フランス南部の都市モンペリエに集った学究の徒によって大きく牽引されたと言ってよい。彼らを導いたのが、今は亡きジャック・プルースト先生であった。研究面だけでなく、人格的にも優れたプルースト先生は、この学徒たちの敬愛するところとなり、多くの研究者が、この地を訪れ、探究を続け、日本に戻ってからも優れた業績を挙げていくこととなった。もちろん市川先生もこのグループの中心人物のひとりであった。ただこちらは、そうした栄光のグループからは遠く、一人ニースで研究を行っていた。

こうして、一向に市川先生とのつながりが見えてこない状況に苛立ちを感じる読者もおられることだろう。その方面に向けて舵を取るように努めよう。ここで小生が活動している十八世紀フランス研究会について、少し触れさせていただきたい。フランス文学の世界で、十九世紀、二十世紀に関する探究が拡大深化していく中で、十八世紀研究がそうした動向から遅れていくような危機感を感じさせる時期が、二〇〇〇年代初頭に現れた。そうした傾向に抗すべく、十八世紀フランス研究会が構想され、小生もその立ち上げに加わることになった。以後、この研究会は、十八世紀フランス研究者たちをつなぐ活動を、ささやかではあるものの、支えてきているように感じている。こうした活動を、市川先生は様々な方向から援助してくださった。お書きになった論文をお送りいただいたこともあれば、プルースト先生ゆかりの貴重な研究資料をお寄せいただいたこともある。

こうして、ようやく見つかった接点をたどり、やっと序文の道が見えそうである。いくら起点を見いださぬ男といえども、今時メールをやらぬわけはないので、過去メールを検索し、それを頼りに交遊録を完成することができるはずである。ただここでは、そうした道は取らないことにする。なぜなら、そのように情報を集積しても、実態に迫ることがないように思えるからである。過去の事実をただ確認しても、市川先生に対して感じているところが、少しも明らかにならない気がして仕方が無い。市川先生について、そしてその著作について自分が意識していることを語るべきであろう。

語るべきは、何に惹き付けられているかということである。情報の堆積がもたらすのとは対極にあるものを明らかにしなければならない。思えば、若い頃は、フランス人研究者たちの業績に圧倒されたものだった。なぜあれほど幅広い領域を探索できるのかと思ったのである。日本人研究者ならば、限定された領域、たとえば、ルソー一人で手一杯である。それが、フランス人研究者の場合、ルソーからはじまり、ディドロ、サド、フランス革命、ロマン主義あたりまで範囲をのばしていく場合も珍しくはない。まさに圧巻である。

ただ年を重ねていくうちに、見方が少しずつ変わってきた。確かにそれはそれで評価すべきではあるが、制約も見えるような気がしている。本当に優れた業績は別として、そうしたアプローチを目にすると、家庭菜園を思ってしまうのである。居を構え、その周りに広がる手つかずの自然にたいし、少しずつ形を整えていく。丹精込めた作業を繰り返す中で、すばらしい庭園ができていく。見事ではある。ただ、庭園とその屋敷からは出ることがない。この自然の向こうに何があるのか、また自然そのもののあり方を問うことはないし、自分がそうした庭造りを行うことの意味を考えることもない。出来上がった庭にこそ、すべてがある。内部での充足が求められている。

ここで視点を変えてみよう。外部を取り入れてみよう。外に出ることを考える者にとって、家とそのまわりのものは仮の存在にすぎない。それはひとえに、外へと乗り出す機縁を作り出すためのものである。自分とは異なるものとの出会いを求めるものにとって、外こそが重要な存在として浮かび上がってくる。同じものの拡大再生産とは異なる道を選び、これまでとは違う可能性を見いだしたくなるのである。外との出会いこそが、自分を問い返す大きな契機となる。ここにおいて現れる差異に注目してほしい。市川先生は庭師ではなく、旅人なのである。もちろん、それはグループ・ツアー旅行などで満足する受動的な旅人ではなく、探索者として未知の領域に踏み出そうとする旅人である。そうした探求にこそ、活動の源があるように思われる。制度的な知とは異なるものを求める姿がある。

旅人として、内と外を行き来する過程においては、この両領域が出会い、触れ合う空間こそが重要なものとなる。実際市川先生の探求をみても、こうした領域が大きな位置を占めているように思われる。先生の専門のひとつである十八世紀啓蒙主義を例に取れば、この時代こそ、従来の知の配置が揺らぎ、新たな圏域が続々と誕生し、多様な文化空間が活発に接触、交流をはじめる時であった。そこから、たとえば、『啓蒙思想の三態　ヴォルテール、ディドロ、ルソー』(新評論、二〇〇七年)が生まれている。そして先生の探索はそこにとどまることなく、英語とフランス語が接触するカナダに目を転じ、そこで暮らすフランス語系カナダ人のアイデンティティの問題へと移行していく。その成果が、『アカディアンの過去と現在　知られざるフランス語系カナダ人』(彩流社、二〇〇七年)となっている。さらに知的冒険に駆られて、スペインへと赴き、近代日本の思想に関する講義を通じて、新たな文化的な経験を深めていくことにもなる。そのドラマティックな展開は、『老残教師のマドリッド奮闘記　アウトノマ大学での四十二時間』(青山社、二〇〇八年)で確認することができる。

こうした精力的な活動を行う旅人に取って重要なのは、関係する空間を踏破する力に加えて、遭遇する様々な状況において的確に対応できる柔軟さであろう。出る気力のないのも困るが、行ったきりでもどってこないのも問題である。安住することから、できるかぎり距離をおき、絶えず動き続けるだけのフットワークを保持していなければならない。どこに行こうと、そこで落ち着いてしまえば、固定的な、保守的な知となる。接触する領域の間で踏みとどまり、探求をつづけていく姿勢が求められるのである。

今回もタイトルに「日仏交流史」とある。それはいわゆる「日本史」でも、「フランス史」でもない。人々が通常思い浮かべる「日本史」や「フランス史」と似てはいるが、そこに現れてくる微妙な差異を見逃してはなるまい。日本的なものとフランス的なものが交流しあう独特な均衡を持った領域が問題となるのである。人はそうした不安定な圏内から身を引き、なじみのある場所へと撤収しようとするものである。日本ともフランスとも言いがたい対象からは離れて、日本的な見地から、あるいはフランス的な見地から問題を単純化して処理しようとする。そうすればこれまでの成果が、そのまま生かせるような気がするからである。そうした選択がなされるとき、日本的な認識基盤というものが、あるいはフランス的な認識基盤がいかなる条件のもとで生成したのかという根本的な問いかけは封印されてしまうのである。

市川先生から批判の言葉が発せられるのは、こうした忘却の瞬間にたいしてである。たとえば、本書においても、幕末の日本とフランスの関係が論じられ、そこでの奇妙な現象が指摘されている。フランス史の側からはごくわずかな記載しか見られないのにたいし、日本史の側からはフランスが日本に格別の関心を寄せていたような記述が見られるのである。重要なのは、どちらが正しいと言うようなことではない。むしろどの立場も当時の国際状況を巨視的に見ようとしていない姿勢を問わなければいけないのである。当時の日本とフランスの関係を考えるには、この二国だけでなく、他の国々も考察の対象に入れなければ、十分な検討を行うことはできない。ところが、日仏双方が自分の陣地に引きこもって、問題を簡略化して整理しようとする。こうした状況が生まれてくることに市川先生は「納得がいかない」。言及すべき事実があるのに、それがなされていない状況があると、「一言もふれていないのは悔やまれる」ことになるし、「一言もふれないのは納得がいかない」ことになるのである。

内に引きこもって、外への視線を閉ざすのは、もとより旅人の本懐とするところではないだろう。戻ればいかに心が安まる世界が待っているとしても、彼が選択するのは、そうした安定ではなく、むしろ不安とともに探究心をくすぐる混沌とした状況だろう。複雑な情勢でこそ、自らの迅速で柔軟な対応能力が試されるからである。そして、その能力は、どんな状況にあっても揺るがない平常心に裏打ちされるものでもある。

ひとつだけ鮮明に覚えている市川先生に関するイメージがある。あれは、慶應義塾大学で開催された研究会の後でのことだと記憶している。慶應義塾大学の三田キャンパスでの会合の後、参加者たちは、二次会としてキャンパス界隈のとある居酒屋に繰り出した。そこは、慶應義塾大学学生のための特別の店であるようで、中にもその大学ゆかりの品々が数多く並んでいた。そして、その日も慶應関係の学生、卒業生、その他の関係者たちで店は賑わっていた。要するに慶應一色の状況であった。ご存じのように、市川先生は早稲田大学のご出身である。そして、それに誇りをもっていらっしゃる方である。言ってみれば、甲子園スタジアムの阪神タイガース応援席の中に入ってしまった巨人ファンのような状況がそこに現れたのである。アウェイ感は半端ないと思われる。ただそうした状況でも、先生は別に動じることもなく、普段と変わらず、周囲の人々と悠然と議論を交わされていた。そこに、ある種の強さとしなやかさを感じることができた。

それなりに年を積み重ねてくると、人々の中に様々な生き方のスタイルがあることに気付かされる。そうした中でも、市川先生のそれは、感動的である。絶えず新たな領域をめざして踏み出されていくお姿は実に頼もしい限りである。そうした姿勢に憧れつつも決してそうはなり得ない、小心者の偽旅人としては、驚嘆すべき速度で突き進んでいく先生のお背中を見失うことなく、どこまでも追っていきながら、新たな世界の発見の現場に立ち会えることをいつも心から願っている。

プロローグ　日仏交流のはじまり

幕末日本に常備軍が存在しなかった

米国のペリー提督が固い殻の中に閉じこもっていた鎖国日本の扉を強引といえる威嚇外交で、こじ開けたのは、一八五四年（安政元年）のことだった。ヨーロッパ列強の大半も米国に続いて、次々にわが国との和親条約、修好条約を締結していった。

続いて欧米列強との外交関係が漸次、樹立すると、世界各地から外交官、交易商人らが、渡来したが、彼らを一様に驚かしたのは、日本に常備軍が存在しないことだった[1]。そのため、日仏交流は、国防問題からはじまった。理由は「彼我の軍事力の圧倒的な差と、それに根ざす危機感」（鹿野政直氏）だった。

国内では軍事的・経済的にも徳川幕府を圧倒しつつあった西国雄藩（薩摩、長州藩等）にたいして、衰微をみせはじめた幕府は、最後の将軍、徳川慶喜（一八三七〜一九一三）に好意的態度をしめすナポレオン三世の第二帝政期フランスに頼り、その両面の立て直しを図ろうとした。

軍事面においては、一八六四年、着任した第二代フランス公使ダニエル・ロッシュ(一八〇九～一九〇一)の肝いりで、はやくも一八六七年には、第一次フランス軍事顧問団を招聘したが、幕府の瓦解により、翌年、最初の軍事顧問団は解消した。団員の中に事業半ばで帰仏するのをいさぎよしとしないで、榎本武揚率いる箱館戦争に参加し、明治新政府に反旗を翻す者もいた(ジュール・ブリュネ大尉ら)。

それでも、明治新政府も引き続き、第二次軍事顧問団(一八七二～八〇)・第三次軍事顧問団(一八八四～八九)を招聘したのだから、フランスとわが国との軍事面での関係は、普仏戦争(一八七〇～七一)でフランスがプロシャに敗れても維持されたのである。

とはいえ、極東の島国、日本はフランス陸軍をモデルに仰ぎ、国防軍の近代化を図っていたが、ヨーロッパの遠隔地、メキシコや日本にたいするナポレオン三世の関心は、それほど強くはなく、ナポレオン一世による失政の轍を踏むことなく、彼は英国外交と協調関係を穏便に保ちたいがために極東の国々(中国、日本)へフランス外交団を派遣したのではないか、というのがわたしの見方である(2)。

軍事的・外交的な日仏交流は、以上のような経過をたどったが、実は言語の上では、フランス語と日本語とは、それよりも早く結ばれていた。フランス学の始祖と称される松代藩藩医の村上英俊(一八一一～九〇)は、独学で仏語を習得し、安政元年(一八五四)に『三語便覧』なる辞書を刊行していたからであった。三語とは、佛蘭西語、英傑烈語（英語）と和蘭語（オランダ語）を指し、それら三外国語の単語と日本語の単語とがはじめてつながったのだった[3]。

話を元に戻し、いま一度、第一次から第三次までの軍事顧問団団員リスト[4]を一瞥すると、その中にはフランスの理数系秀才校と目される理工科学校（エコール・ポリテクニック）卒業生も若干含まれていた。後でふれる横須賀製鉄所（後の造船所）の生みの親ともいうべきレオンス・ヴェルニー（一八三七〜一九〇八）も、脱走フランス軍大尉ジュール・ブリュネもこの学校の出身者であるから、時のフランス政府は、これら有為の人材を惜しげもなく日本などの海外に派遣したといえよう。旧幕からフランスに派遣され、自分よりもはるかに弱輩のヴェルニーに面談した柴田剛中日向守はこの仏人技師を「白面書生」と形容したという（司馬遼太郎『街道をゆく』）。

しかしながら、彼らを迎え入れる日本側は、あわてて横浜に仏語伝習所を設立し（一八六五年）、メルメ・カション[5]らのフランス人教師による、本格的フランス語授業を開始し、仏語を解する日本人の若い人材を養成する始末だった。

［なお、日本人とフランス語との出会いは、これよりも古く、十八世紀末からわが国の周辺に出没する異国船にたいする対策から、幕命により長崎のオランダ商館館長ヘンドリク・ズーフ（一七七七〜一八三五）の指導の下に蘭語通辞・本木正栄ら有志を対象に開始されていた（一八〇七年）。その結果、『拂郎察辭範』とその続編『和佛蘭對譯語林』が編まれたが、これらは草稿のまま長崎市立博物館に残され、現在にいたっている。前述したように、それとはまったく別に、独学で

フランス語を究め、『三語便覧』『佛語明要』等のフランス語の辞書を著した村上英俊（前出）は、本木正栄らの先行業績をまったく知らずに仏語を学んでいたのである」[6]。

ところが、フランス人教官と未来の日本人兵士との間には、単に言葉の問題だけが障害となって立ちはだかっただけではなかった。それまで、伝統的なナンバ走りしか知らなかった日本の若者たちに、フランス人教官は、棹飛《サオトビ》からブランコの乗り方［不落離子《ブリユリンコ》］まで手取り足取り教えなければならなかった。つまり、日本人の体格改造は焦眉の急だったのである。

棹飛びにしろ、ブランコ乗りにしろ、図解[7]につけられた説明文を読めば、フランスから来た教官の苦労がしのばれる。

たとえば、棹飛びには、こうある。

さをゝもちてとびあがり
くだるときハ［ママ］さをゝ
はなしつまさきを

ちにつけて
とまるべし。

以上の軍事関係以外の日仏交流では、開国後、一八六五年に長崎に赴任していたフランス人宣教師プティジャン(一八二九~八四)による大浦天主堂での「隠れキリシタンとの歴史的出会い」という大事件があった。開国後、明治新政府の浦上のキリスト教徒弾圧は続き、それに執拗に抗議したのも英仏のフランス外交官だった。

このように、ヨーロッパの先進国、フランスとの交流を開始すると、わが国には、軍事上の規律はいうまでもなく(戦前の旧日本軍では、フランス流に長らく二十進法が採用されていたという)、その他の分野でも、フランスの文化の強い影響がいやおうなく押し寄せてきたのを止めることができなかった。

日本からは岩倉具視(一八二五~八三)を使節団長とする欧米視察団が出発したのは、明治四(一八七一)年十一月のことだった。使節団一行の「送別の辞」で太政大臣三条実美は、次のように激励したという。

「行ケヤ、海ニ火輪ヲ転ジ、陸ニ汽車ヲ輾ラシ、万里馳駆、英名ヲ四方ニ宣揚シ、無㆑恙帰朝ヲ祈ル」(芳賀徹氏の引用による)。

米国や英国視察を終え、使節団がフランス入りしたのは、ちょうど普仏戦争終了の直後だった。

プロイセン軍は、パリ包囲の際も軍令により凱旋門への発砲は禁じられたが、パリ・コミューン連盟側は門の上を砲台にしたため、生々しい爪痕を目にした。日本からの視察団よりも以前からフランスにあった西園寺公望[8]にも使節団一行にも、パリ・コミューンの実態を理解できなかったのは無理もなく、コミューン参加者を一様に「賊徒」とみなしていたようだ。

見学できたフェンシング場では、一行は「先年の普仏戦争でフランスは兵士は勇敢だったが士官の能力が劣っていたので破れ《ママ》、プロイセン軍は士官の規律がすぐれていたために勝った[9]」という説明をされた。

さらにフランス銀行について、使節団は、これまた「フランスは先年の敗戦の結果国の財政が逼迫し、銀行が国債を引き受けて紙幣の発行額を増やした[9]」という財政状態を聞いて、ビスマルクから要求された莫大な賠償金支払いに苦しむフランス国民の経済事情にも接することができた。

とはいえ、「フランスは文明の先端を行き、欧州の中心なので、精密な学問では常に他国をリードしている。そこでフランスには学術にすぐれた人々が多い。天を仰いで天体を観察するのは天文学である。地に伏して大地の諸相を観察するのは地理・鉱山学である。天は高く、地は厚いが、これを研究して研究し尽くせないことを残念に思うというのが、文明というものの本質である[9]」。このように、ヨーロッパ文明の中心に位置するフランスにはさまざま領域での学問が高度に達しており、日本がフランスに学ぶべきものが多岐にわたることを一行は実感できたようである。

こうして、彼らは、目にすることができたフランス文物の歴史的・文化的価値を把握しえたであろうが、普仏戦争終了後、ティエール率いるフランス政府と新生プロシャとの間に軍事・外交問題をめぐり微妙な駆け引き(たとえば、ビスマルクがパリ・コミューン連盟派の撲滅のためヴェルサイユ政府に協力したことなど)までも理解することは明治の日本人の理解能力をはるかに超えた事柄であったにちがいない。

当初、日仏両国間の交流は、彼我の文明に落差が大きすぎ、日本側が恩恵だけを蒙るという一方的関係からはじまったといっても過言ではないだろう。

日仏の文化交流は音楽や絵画から始まった

理由は、いうまでもなく、この分野では言語問題がないからだ。

日本人の西洋音楽との出会いは意外と古い。團伊玖磨によると最初の出会いは、グレゴリオ聖歌まで遡れるらしいが、徳川幕府が出したキリスト教禁教令(一六一四年)のために、断絶されたという。西洋音楽の伝来も軍隊と関係してくる。というのも最初にわが国で知られたのは、軍隊内でもちいられた「信号用」の太鼓とラッパだったからだ。それら二つの楽器の中では、洋太鼓の伝来の方が先で、長崎海軍伝習所(開設一八五五年)において、オランダ海軍士官が日本の伝習生を指導する際に用いたようだ。

ラッパの伝来は、洋太鼓より後れて、徳川幕府が招聘した第一次フランス軍事顧問団来日と関係がある。同じく専門家の團伊玖磨にしたがうと、この顧問団の中にフランス近衛猟歩兵大隊のラッパ伍長ギュティッングがいて、本国から取り寄せた教材をもとに伝習生を指導したのが、はじまりだった。想像するに、その主たる用途は、起床ラッパであったろう。西洋音楽の伝来についてド素人のわたしは、これ以上、つけ加えるべき情報を持ち合わせていない[10]。

ところで、西洋絵画の技法についても長崎のオランダ商館経由で、早くも学んでいた日本人が若干いたようだ。というのも平賀源内作とされる「西洋婦人図」について、芳賀徹氏は「この絵も「稚拙」で、顔の陰影のつけかたも遠近法(傍点は引用者)もまだ西洋画法にはへだたりがある、と美術史家たちには評されている[11]」と指摘されているからである。

余談であるが、吉村昭の名作『冬の鷹』を読むと、源内の紹介で杉田玄白と知りあった小田野直武が『解体新書』の図をかくことになったとのことだから、源内をはじめ、長崎通辞ばかりでなく、絵師たちの中には、西洋絵画の技法に接することができる立場にいた人がいたことは、たしかであろう。

ただ西洋音楽の伝来と異なる点は、よく知られるように、わが国からヨーロッパに届いた浮世絵が、フランス印象派の画家たちに多大の影響をあたえたことから、この分野では一方交通ではなかったといえそうだ。

西洋絵画には古くから遠近法がつきものであるが、ヨーロッパの合理主義から生まれたシンメトリーをまったく無視した江戸時代の浮世絵絵師の手法は、後に印象派画家と通称されるマネ、モネ、ゴッホ、ドガ等をただ驚かせたばかりでない。モネやゴッホらは膨大な量の浮世絵収集家として知られているのである。

だが、フランスにおいて最初に北斎漫画を発見したのは、フェリクス・ブラックモン[12]だったという。それは一八五六年のことで、ブラックモンは、日本から輸出された陶器類の包装紙に使用されていた浮世絵と出会ったのだった。

江戸時代の浮世絵絵師、葛飾北斎、喜多川歌麿を世界的に知らしめたのは、作家エドモン・ド・ゴンクール(一八二二〜九六)である。彼は、当時パリにあった林忠正(一八五三〜一九〇六)と親交をむすび、林を介して日本の情報をえて、名著『歌麿』(一八九一)と『北斎』(一八九六)をフランス語で刊行したのだった。なお、後者について、ゴンクール自身は一八九三年に日本で出版された飯島虚心著『葛飾北斎伝』からえたのは「ほんのわずか」と述べているようだから、両者の協力関係をめぐる検討については後考を俟ちたい[13]。

一流作家により日本の浮世絵やその絵師が知られるにおよんで、日本人の美にたいする意識や日本における芸術と日常生活との密接な関係等が明らかになり、ヨーロッパでは日本芸術にたいする空前の大ブームがおきた。いわゆる「ジャポニスム」の到来である。

時代は少々後になるが、それに呼応するかのように、フランスにおける芸術家たちの自由奔放な生き方、いわゆる「ボエミアン的な生き方」も大々的にわが国に紹介された[14]。それにつれて、わが国からおびただしい数の画家や彫刻家たちの卵がフランスに渡った。

法律のためフランス留学したはずの黒田清輝が当初の目的に終止符をうち、油彩画に転じたのもその一例だし、ジャポニスムの余韻がまだ残っていたといわれるベル・エポックのパリにわたった東京美術学校での黒田の弟子、藤田嗣治もその例にもれず、ピカソ、モジリアーニらと並んでフランスで大成し、エコール・ド・パリの著名な日本人画家となった。第一次大戦後、日本からフランスに来た画家だけで、三〇〇人くらいになると藤田自身が書いている[15]。

逆に、岩倉使節団団員のひとり、山田顕義(一八四四〜九二)は、日本法律学校(後の日本大学)の創設者となった人だが、はじめは、フランスの軍事研究のため欧米視察に派遣された。ところが、ヨーロッパの空気に接するうちに、いまは戦争の時代ではないと実感し、軍人ナポレオン崇拝者だった元陸軍少将の山田顕義は帰国後、ナポレオン法典の研究者に転身した[16]。わが国における法律の分野では、先学者として箕作麟祥(一八四六〜九七)の存在を忘れることはできないし、明治新政府が招聘した現役のパリ大学教授で、「日本近代法の父」と目されるボワソナードの来日とわが国における近代法成立での貢献も特筆しなければならないであろう。だが「法とは何か」という問いに「人を害するな」とあくまで「個人主義」を主張したボワソナードの近代法は、国家の頂点に天皇をいただく日本の法曹界では受け入れられず、彼は離日せざるをえなかった[17]。

一言でまとめれば、このプロローグにおいて駆け足で取り上げたのはごく限られた分野にすぎないが、明治開国期の新生日本は、ありとあらゆる分野で先進国、フランスからさまざまな知識を得ようとしたことは否定のしようがないといっても過言ではないということになる。

フランス文学の翻訳は最もおくれた――重訳から直接訳へ

理由は、フランス語の理解抜きでは翻訳作業は不可能だったからである。

前述したごとく、幕府は、フランスとはあらゆる面で特殊な関係にあったが、木村毅が簡潔明快に指摘したように、「文学の翻訳が最もおくれた[18]」のだった。

長らくイギリス人コンスタンス・ガーネットのトルストイ等の英訳からの重訳が多かったといわれるロシア文学の翻訳と同じく、フランス文学の翻訳についても、英語から重訳時代が長く続いた。一例をあげれば、黒岩涙香(一八六二〜一九二〇)の『鉄仮面』『巌窟王』『噫無情(あゝ無情)』等は、いまの直接訳時代から見れば、英訳からの翻案ないしはなかば創作作品とみなさねばならない。

わたしの学生時代には、広津和郎による英語からの重訳、モーパッサン『女の一生』(角川文庫)がまだ広く読まれていた。ちなみに、この文庫本の奥付には、初版は昭和二十八年、三十九版には、昭和四十一年とある。このようなわけでフランス語からの直接訳を読めるようになるには、大正時代の到来を待たねばならなかった。

そういう重訳全盛時代にあって、川島忠之助(一八五三〜一九三八)がはやくも明治十一年にジュール・ヴェルヌ『新説八十日間世界一周』を直接訳で出版したことは驚嘆に値する出来事といえよう。しかも当人は、他人から問い合わせがあるまで、若い時の翻訳を自分から口に出すことはなかったというのだから、本業は銀行マンだったとはいえ、誇り高き直接訳の先駆者は、なんとのん気な時代に生きたことだろう。というのもご子息で、早大教授であられた故川島順平は、「私の父［忠之助］を世人に改めて紹介して下さったのは、木村毅・柳田泉両博士であった。もし両博士が偶然にも父を発見されなかったら、父の名も、その訳書も、明治文学史に載ることはなかったろう」と回想されているからである。(18)

なお、わたしの記憶違いでなければ、川島忠之助の偉業について、博覧強記のドナルド・キーン氏もふれられていない。(19)

日本において原文からの直接訳の出版がかくも遅れたのには、幕末から明治開国期にかけて、わが国特有の事情があった。

まず、日本伝来の「やまと言葉」は西洋語の訳語として使いにくかった。

次に、長い鎖国政策のため、日本社会の発展段階は、西洋諸国と共通する部分も若干あるものの、直接対応関係が成立しない状況があった。その結果、ヨーロッパ語では、普通名詞として用いられる「社会」「個人」「市民」等に対応する単語が存在しなかった。そのため、「東洋のルソー」と称される中江兆民は、頻発する「市民」を「士分」と置き換えるなど、『社会契約論』の訳語で塗炭の苦しみをあじわった。

第三に、ヨーロッパ諸語では、哲学用語も日常語も同じ単語ですむが、日本語では前者には日常語を使えないという難点があった。その結果、初期の翻訳者は仏典から哲学用語（「存在」「範疇」

など)を借用せねばならなかった。ところが、「たとえば、『理性』は『後漢書』や『小学』では『性をおさめる』の意。仏教の『理性《りしょう》』は『万物の本性』の意で、西洋哲学の《reason》ではない」と加藤周一の鋭い指摘がある。[20]

別の例をあげてみよう。やまと言葉にも「自然」なる単語があるが、明治開国期には外来語としての「自然」natureが新たに加わった。その結果、ダーウィンの有名な「『自然淘汰』とは、『自然』による『淘汰』ではなく、いわば『自然な』『淘汰』のような意味」になった、と翻訳語の理論家、柳父章は指摘する。[21]

フランス式からドイツ式軍制への転換へ

すぐれた文明史家でもあった司馬遼太郎は、日本の「近代化にあたっては、諸事、フランスを範にしようとしていた」といっておられる。

なかんずく、明治十六年(一八八三)までは、フランス陸軍をモデルに仰ぎ、日本軍隊の近代化を図ってきたが、突如、ドイツ式へのモデル転換が行われた。フランス軍事顧問団にかわり、ドイツ軍参謀少佐クレメンス・ヴィルヘルム・ヤーコプ・メッケルが一八八三年に日本の陸軍大学校に着任した。[22]

後にドイツ大使となった青木周蔵は、マルセイユで目にしたフランス軍の練兵とベルリンで見たプロシャ軍の演習を比較し、次のような信念をもつにいたったといわれる。

「ベルリンについてから、青木周蔵はしきりに軍隊の演習を見学し、プロシャ将校や兵士に接触した。その結果、フランス軍はとてもプロシャ軍の精鋭には敵しがたいとの信念を持つに至った」[23]。

さらに、メッケルの教えを直接うけたひとり、大井成元となると、「メッケル将軍の思出」の中で、大山巌元帥の次の談話を引用し、フランス士官の弱点と見ているようだ。

「佛國士官等は、厳めしき軍服姿で、途上婦人を伴ひ、或は集会場で婦人に戯るなどと、殆んど戦敗を耻ぢらう色もないので、此の一事を以てするも、両軍未だ戦はざるに勝敗の数既に知るべきであったと人に語ってゐる。元帥の此の言、洵に味ふべきものがある」[24]。

さらに、宿利重一は、フランス人を「無気力なるにかゝはらず、口舌の雄のみなりしフランスの人々」[25]と形容し、普仏戦争におけるその敗因を国民性に帰している。

われわれフランス学に多大な興味を覚える学徒は、大井や宿利が指摘するようなフランス人士官の行き過ぎやその国民性の一端をもって、フランス陸軍がわが陸軍の近代化に果たした役割のすべてを否定するような発言を到底容認できないのである。木を見て森を見ないのも各自の自由であろうが、旧日本軍首脳部によるドイツ式軍制採用後、旧日本陸軍の事態は次のように進行していった。

「山県[有朋]は、[……]プロシャ流軍制、ことにその参謀本部制や将軍団のありかた、師団の編成法、兵員の教育などについては既に強く傾倒するところがあった。かつての普仏戦争で両国に見られた戦闘力の差は、あまりにも印象的であったからである。また、明治十一年の近衛兵の反乱[竹橋事件]に見られるような重大な軍規の乱れや、明治十四年の開拓使事業払下げ問題に際して,鳥尾小弥太や三浦悟楼などの政治的発言を行なったような越権行為を正すためにも、プロシャ流の軍隊構造こそが望ましいと考えていた」[26]。

このように、山県ら軍指導部は、以後、軍における士官の自由な発言を一切禁止した。なるほど、メッケル少佐は、プロシャ軍制の長所を日本人に教授し、ドイツで隠棲していたが、日露戦争で彼の非凡な愛弟子、児玉［源太郎］が全野戦軍の総参謀長になったという報に接して、「児玉がいるかぎり、日本が勝つだろう」とメッケルが予言した（司馬遼太郎『街道をゆく』）とも伝えられている。薄氷を踏む思いで勝利した日露戦争ではプロシャ式の軍制がほどよく機能したであろうことは認めざるをえないが、その後、旧日本軍では軍人、いや、むしろ人間の自由をないがしろにしてまで、極端な規律一辺倒のドイツ式軍規を金科玉条のごとく励行した結果、第二次世界大戦での痛恨の日本敗戦を招いたこともここでは、もう一度想起すべきではないだろうか。

注

(1) モージュ他、市川慎一・榊原直文訳『フランス人の幕末維新』有隣新書、一九九六年、四三頁。
(2) 詳しくは本書第二章を参照。
(3) 詳しくは田中貞夫『幕末明治期　フランス語辞書の研究』国書刊行会、二〇一二年、二～三頁を参照されたい。
(4) 詳しくは西堀昭『日本の近代化とグランド・ゼコール　黎明期の日仏交流』柘植書房新社、二〇〇八年、一四四～一四七頁を参照されたい。
(5) この還俗宣教師については、富田仁『メルメ・カション　幕末フランス怪僧伝』（有隣新書、一九八〇年）が詳しい。
(6) ここは、日本におけるフランス語事始めに立ち入る場ではないので、詳しくは拙論《Du Français au Japonais par le truchement du Hollandais. Difficultés rencontrées par nos premiers traducteurs: A propos de la Nouvelle Méthode des Langues

Françoise et Hollandoise par Pieter Marin Amsterdam, 1775》早稲田大学大学院紀要No.39.1993. pp.15-27. および《『拂郎察辞範』に見るフランス語と日本語》月刊「言語」大修館書店、一九九四年新年号、一二〜一七頁。なお、拙文執筆の際、先行研究として当然ふれるべき先行論考《『拂郎察辞範』と『和佛蘭対訳語林』》。松村明『洋学資料と近代日本語の研究』東京堂出版、一九七〇年所収、三〇二頁があるのを知らなかった。田中貞夫『幕末明治期　フランス語辞書の研究』国書刊行会、二〇一二年も参照されたい。

(7)保谷徹《フランス軍事顧問団と日本》。羽田正編『ユーラシアにおける文化の交流と転変』東京大学東洋文化研究所、二〇〇七年、一七六頁より借用。

(8)岩井忠熊『西園寺公望　最後の元老』岩波新書、二〇〇三年。

(9)久米邦武編、水澤周訳『特命全権大使　米欧回覧実記』(3)「ヨーロッパ大陸」(上)慶應義塾大学出版会、二〇〇五年。同書からの引用は一〇一頁、一三三頁、一四九頁。

(10)なお詳しくは團伊玖磨「日本人と西洋音楽　異文化との出会い」NHK人間大学、一九九七年、五二〜五四頁を参照されたい。

(11)芳賀徹『平賀源内』(朝日新聞社、一九八一年)、三五〇〜三五一頁を参照されたい。

(12)大島清次『ジャポニズム　印象派と浮世絵の周辺』美術公論社、一九九七年。Geneviève Aitken – Marianne Delafond, *La Collection d'Estampes Japonaises de Claude Monet à Giverny*. La Bibliothèque des Arts, 2003. p.12. 画家モネの浮世絵との出会いは一八七一年だとされる。

(13)ゴンクールと林忠正との交流については、木々康子『林忠正とその時代　世紀末のパリと日本美術　ジャポニスム』(筑摩書房、一九八七年)が詳しいが、飯島虚心『葛飾北斎伝』(岩波文庫、一九九九年)からの借用をめぐるゴンクールの見解については、校注者鈴木重三氏の「解説」も見られたい。

(14)今橋英子『異郷憧憬　日本人のパリ』(平凡社、二〇〇一年)。この書では岩村透『巴里の美術学生』(一九〇三年)が芸術志望の日本人に果たした大きな役割が強調されている。

(15)藤田嗣治『巴里の横顔』(実業之日本社、一九二九年)、一一三頁。

(16)詳しくは富田仁『岩倉使節団のパリ　山田顕義と木戸孝允その点と線の軌跡』(翰林書房、一九九七年)を参照されたい。

(17)詳しくは大久保泰甫『ボワソナアド』(岩波新書、一九七七年)を参照されたい。

(18)木村毅《日本飜譯史概観》『明治文學全集7　明治飜譯文學集』三七五頁。川島順平《父・川島忠之助》。早稲田大学「比較

文学年誌」第十号。昭和四十九年、八六頁。なおジュール・ヴェルヌの名作『八十日間世界一周』(明治十一年)やポール・ヴェルニエー『虚無黨退治奇談』(明治十五年)の本邦初の直接訳者発見と経緯について、詳しくは柳田泉《川島忠之助傳》。「早稲田文学」(昭和二年四月号、六八~七六頁)を参照されたい。
(19)ドナルド・キーン著、徳岡孝夫訳『日本文学の歴史』第十巻。「近代・現代編1」(中央公論社、一九九五年)。
(20)加藤周一《明治初期の翻訳　何故・何・如何に訳したか》『加藤周一著作集』十七巻『日本の詩歌・日本の文体』(平凡社、一九九六年)所収、三四三頁。
(21)詳しくは柳父章『翻訳語成立事情』(岩波新書、一九八二年)を参照されたい。
(22)日本陸軍大学校における講義については、高橋邦太郎『お雇い外国人(6　軍事)』(鹿島研究所出版会、一九六八年、二〇八~二三〇頁)が詳しい。
(23)水澤周『青木周蔵　日本をプロシャにしたかった男』(上・中・下)、(中公文庫、一九九七年)引用は上巻三一六頁。
(24)「軍事史研究」第四巻。一九三九年、三頁。
(25)宿利重一『日本陸軍史研究メッケル少佐』(日本軍用圖書株式會社、一九四四年)、八五頁。
(26)水澤周、前掲書、中巻、三九七~三九八頁。

第一章　造船技師ヴェルニーと海港ブレスト——日仏交流の原点を求めて

ある日、早稲田の古本屋をなん軒かのぞいていたところ、全国建設研修センター発行の『おやとい外国人とよばれた人たち——異国にささげた技術と情熱』と題された絵本が目に飛びこんできた。手に取ってページを繰っていくと、ヴェルニー（一八三七〜一九〇八）と観音埼灯台等の設置のことや彼の在日期間がしるされているのを見て驚いた。

というのも、前年の一九九八年は「日本におけるフランス年」にあたり、わたしは外務省海外広報課派遣で南仏の町エクス＝アン＝プロバンス政治学院で「日本の近代化に見る日仏交流——横須賀製鉄所の創設者レオンス・ヴェルニーの場合」と題してフランス語で講演をおこない、帰国したばかり。さらに、二〇〇一年三月二十八日、海港ブレスト市でヴェルニーの講演を依頼されていたからだった。

ヴェルニーと海港ブレストとのつながり

さて、一八六二～六五年まで、中国の寧波で技術指導にあたっていたヴェルニーが徳川幕府から正式に招聘されるのは、一八六六年である。しかし、彼が最初に来日したのはその前年で地形がフランスのツーロン港によく似ている横須賀を造船所の候補地として選んだ後、一旦帰仏。同じ年の七月、幕府の遣欧ミッション（団長は柴田日向守剛中）を出迎えるため、ヴェルニーはマルセーユに出向いている。

ヴェルニーは、パリで団長柴田剛中と当時の外務大臣ドルーアン・ド・リュイスとの会見に立ちあった後、団長以下の日本人を引率し、ブレストまで汽車で案内しているのだ。というのも若き造船技師としてヴェルニーがはじめて仕事をしたのがこの町であったからでもある。後年、横須賀にはわが国最初の造船所ができるのだが、このようにブレスト市と横須賀市はヴェルニーがとりもつ縁もあり、一九七〇年以来、姉妹都市の関係にある。

柴田らのブレスト訪問とヴェルニーの動向については、日仏双方に記録が残されている。当時の新聞によると、柴田らはちょうどナポレオン三世の肝いりで建設されたばかりの跳ね橋の開通式に臨んでいる（一八六五年十一月六日付の地元の「ロセアン紙」）。今回ブレストでの講演の際、地元紙もわたしとのインタビュー記事（二〇〇一年三月二十七日付の「テレグラム紙」）で当時の新聞記事を引用していた。

他方、柴田剛中の日記「仏英行」の九月十五日（一八六五年）に、造船所等を見学した後、彼はブレスト市全体の印象を次のようにしるしている。

「当所は都府懸隔僻遑の地にて、今に土人は古言(ラテン語)を用い、本国の語に通ぜざるものも有之程の由。随で風俗も野鄙に相見へ、木履を用ひおるもの毎々見受けり。土地は惣応繁昌の体なれども、往還道幅狭く、家屋も麗ならず。わずか[原文では難字]に弐ケ年程前初で都府より鉄路通ぜし趣なり。旅亭毎房とも清潔ならざれども、待遇の意薄からず。蒼端へ御国旗、国旗二流を掲げ出せり。」『西洋見聞集』所収『日本思想大系六六』(岩波書店、一九七四年刊)。

講演ではこの大意を仏訳して紹介したが、柴田にも当時のブレストは、非常に辺鄙なところと映ったらしく、ヴェルニーは柴田らの接待に細心の気配りをしたらしい。

ヴェルニーの伝記には、ブレスト滞往時の書簡がなん通か引用されているが、ある手紙ではヴェルニーは柴田らのためにパリよりも宿泊料の高いホテルを用意していたことまでがしるされているのだ。

現地の人たちの目に映じたヴェルニー

ヴェルニーが一時帰国の際、ブレストでもフランス人技術者を募ったのは事実である。彼が日本に招聘したフランス人は百名以上にのぼったようだが、アルデッシュ県オブナ市出身のヴェルニーはブレストに血族的な人脈があったわけではなかった。

ところが、わたしが南仏のエクス市についで、ヴェルニーの講演をブレストでもすることを聞きつけた地元紙の記者たちは、彼が日本に招聘した人はすべて地元の出身者だったと勘違いをしていたらしい。市役所での記者会見でも質問はこの一点に集中した。そこで、技師長ヴェルニーはフランス政府の土木監察官らとも相談の上、地元キャンペール出身で灯台の専門家ルイとヴァンサン・フロラン兄弟に海軍省から出向してもらったのは事実であるが、来日したフランス人すべてが地元出身者ではない、と素直に歴史的背景を説明した。

これで思いだすのは、一九九八年エクスでの講演後、幕末から明治の開国にかけてフランス陸軍をモデルに創設された日本陸軍がなぜ途中からドイツ式に替わったのか、という質問。わたしは歴史的事実として、普仏戦争(一八七〇〜七一)でのフランスの敗北をその一因にあげたが、その時、会場全体が一瞬どよめいたことをいまも忘れることができない。

レオンス・ヴェルニーの子孫を訪ねて

あれは、一九九七年七月のことだった。日本を発つ直前に、運よくヴェルニーのひ孫一家と連絡がとれ、パリからサン＝テティエンヌまで直行し、ロジェ＝セシル・ヴィエーユフォール夫妻を現地に訪ねる旅をした。

ヴェルニーが眠るオーブナの墓地詣でを希望すると、ロジェは快諾の上、坂道の多い道を軽やかなハンドルさばきで、一気にオーブナ(標高一二三七メートル)まで車をとばしてくれた。そのロジェももういない。自宅に泊めてくれたばかりでなく、地元の川魚料理をふるまってくれたセシルも二年前、亡夫の後を追うようにこの世を去ってしまった。

このように、時は容赦なく経過したが、わたしは、オーブナ訪問の日をはっきりと覚えている。レオンス・ヴェルニーが帰国後、一八二五年に父親が創業した製紙工場は、一八八八年に倒産し、彼が晩年を過ごした邸宅は、いまでは人手に渡っていた。

オーブナは人口一万二千人の山村であるが、中国や日本の近代化に貢献した彼の偉業は地元でよく知られていて、ヴェルニーは市長に推薦されたが、辞退したという話も市庁の案内係からうかがった。たしか市庁地区の街路の一つが、ヴェルニー通りと命名されている。

ひ孫にあたるヴィエーユフォール家と、これまたひ孫一家のバライ家には、いまもヴェルニーが日本から持ち帰った書類等が未整理まま、二つの行李に残されていた。

両家の関係者からは、必要があれば、なんなりとコピーをとるようにとの親切な申し出をいただいたが、あいにくわたしの滞在時間は限られていた。彼らには再訪を約束したが、いまだに果たしていない。

有能な造船技師であったヴェルニーが極東の日本に着任した理由の一つに、明治政府が提示した破格の年俸があったにちがいない。当時の金で、一万ドル(いまの九千万円以上に相当)だったという(富田仁・西堀昭氏による)。

そのため、日本政府の本音は、わが国の後継者の育成を急ぎ、高給取りのヴェルニーの解雇に漕ぎつけたい、ということだったにちがいない。

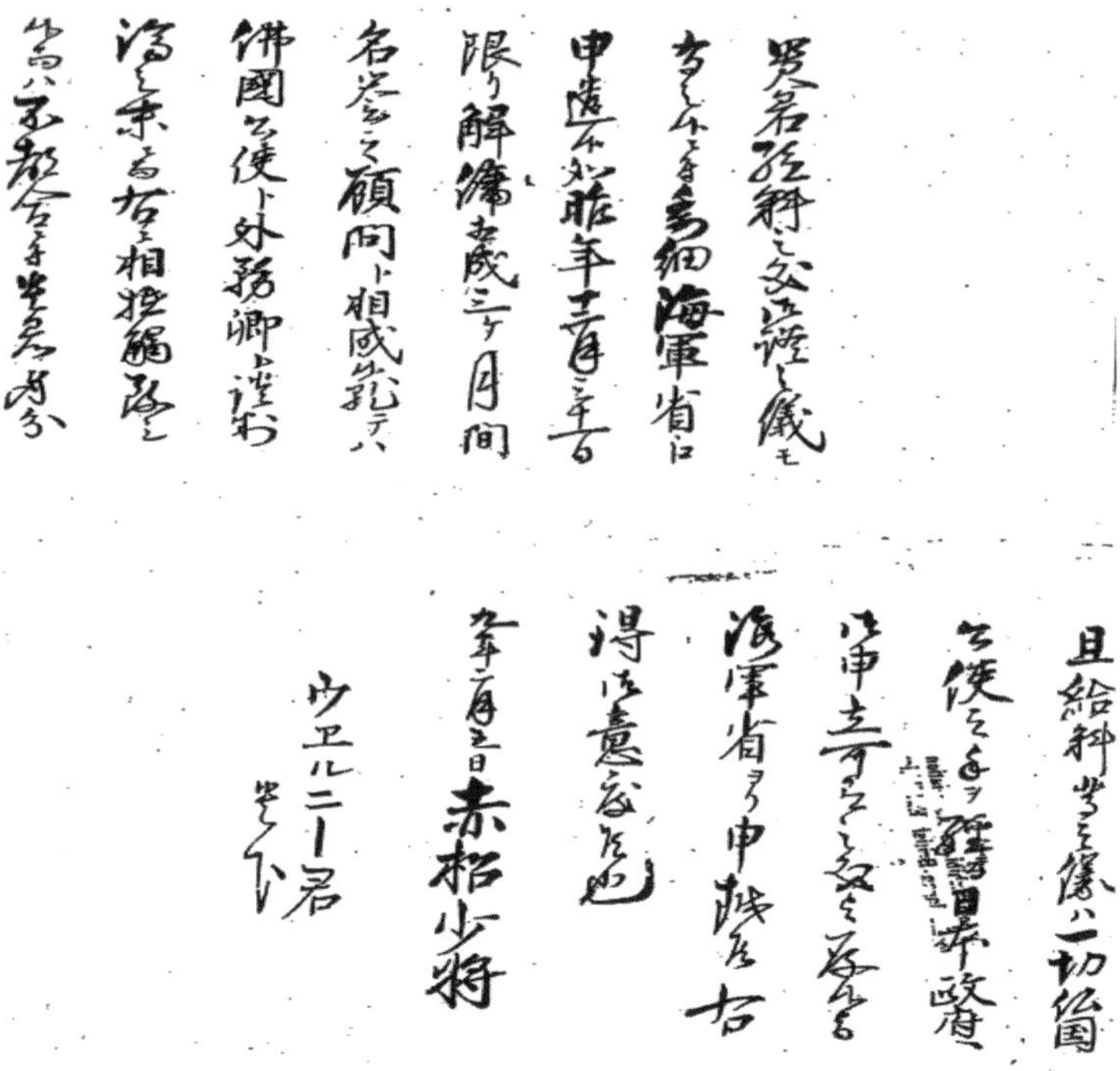
貴君給料之義御談之儀モ
有之候ニ付　委細海軍省江
申遣候処　昨年十二月三十一日
限り解傭相成　三ケ月間
名誉之顧問ト相成候就テハ
ヴェルニー君

明治九年（一八七六）一月、政府の方針がきまり、赤松則良海軍少将が後継者に任命された。

わたしにとって、このときのサン＝テティエンヌ訪問の最大の収穫は、一八七八年にヴェルニーに渡された毛筆の解雇通知状を手にとって見たことだった。それを認めたのは、二代目の横須賀造船所所長に任命された赤松（則良）少将その人であった。文面は左記のように読める。

貴君給料之義御談之儀モ
有之候ニ付　委細海軍省江
申遣候処　昨年十二月三十一日
限り解傭相成　三ケ月間
名誉之顧問ト相成候就テハ

佛國公使ト外務卿ト談判
論之末ニ而右ニ相抵觸改之
候而ハ不都合ニ付貴君身分
且給料等之儀ハ　一切仏国
公使之手ヲ経而日本政府へ
御申立可有之義と存候旨
海軍省ヨリ申越候右
得御意度候也
九年二月五日　赤松少將

ウヱルニー君
貴下

なお、ヴェルニー解雇のいきさつについては、わたしは下記に引用する文献で知るのみで、赤松則良による毛筆書きの通知状の存在をまったく知らなかったので、それを目の前にした時には、興奮状態だった。これは重要だと、とっさに判断したわたしは、両家にお願いしてコピーをとらせてもらい、東京に持ち帰ることができた。(1)

他にめずらしいものとしては、太政大臣三条実美の名刺(実物)を見せてもらったことなどであろうか。

おわりに

話を元に戻すと、一八六五年の夏、柴田団長らをマルセーユに出迎えたヴェルニーは弱冠二十八歳で、故司馬遼太郎の言葉を借りれば、柴田らには「白面書生」に映ったようだ。一大国家事業ともいうべき造船所建設をはたしてフランスの青年技師に任せていいものか一抹の不安を幕府側はいだいていたらしいが、彼の来日後、迅速で効率のよい仕事ぶりを見るとすべてが杞憂におわったようだ。

日仏の歴史や文化の間に横たわる溝は依然として深い。すぐれた造船技師であるとともに、日本人のメンタリティーのよき理解者でもあったヴェルニーにしてはじめて、日仏交流の最初の重要な架け橋になれたのだ、とわたしはいまも思っている。

注

(1)ヴェルニーの横須賀造船所所長就任と解雇のいきさつは、日本側記録では下記のようである。赤松範一編注『赤松則良半生談』(平凡社、一九七七年)一七五頁による。「横須賀造船所は元治元年(一八六四年)に幕府が勘定奉行小栗上野介、目付栗本清兵衛(後の鋤雲)に命じ、時の仏国公使レオン・ロシェス(Léon Roches)に其創設方案を諮問せしめたに始まって、幕府から公使ロシェスに依頼になって、其推薦で仏人ウエルニー(Verny)を始めとして四十余人の技師職工を招聘して基を開いたのである。明治初年にはウエルニーは造船所の首長(Directeur)として全権を握り其下に十七、八名の仏人職工があって日本職工は其頤使に委ねられて居ったが、ウエルニーの任期満了と共に私(赤松則良)が其所長の任に就いたのであった」)

第二章　ナポレオン三世の対外政策——遠隔地メキシコと日本の場合

はじめに

わたしは、標記の演題で二回口頭発表をする機会に恵まれた。

最初は二〇〇九年六月十三日(土)、早稲田大学地中海研究所主催の発表会(39号館第5会議室)において、ラウラ・サバットリィ氏「La lettura di livello intermedio per apprendenti di italiano L2/LS イタリア語学習者を対象にした中級レベルの読解教材について」のご発表に続き、市川が同じタイトルで口頭発表を行なった。

次は二〇〇九年九月二十六日(土)、日本仏学史学会第四〇八回例会でほぼ同じ内容の発表を行なった。

最近、日本で活発になってきた日仏交流史研究であるが、ややもすればナポレオン三世と最後の将軍、徳川慶喜(一八三七〜一九一三)との特別な関係だけがことさら大きくとりあげられる傾向があるやに思われる。二回にわたる口頭発表においてわたしが主張したかったのは、ナポレオン三世（一八〇六～七三）の対外政策をもうすこし巨視的に見直す必要があるのではないかという期待である。わたし自身も口幅ったい意見を述べる資格はなきに等しいけれども、以下の文章では最近調べた文献等により、先行論文をいささかでも補完できることを目指し、本論執筆の目的としたい。

というのも当時、フランス外交の主たる関心は第一にヨーロッパ諸国に向けられており、もし遠隔地との外交政策にも関心があるとすれば、それは日本よりは中国、さらにはコーチシナ（後の南ヴェトナム）やカンボジアの方へ向けられていたからである。[1] そこで、以下の文章で、時代的にはほぼ同時期に勃発した、フランスによる中米メキシコへの介入戦争と極東の日本への進出を関係づけて論じてみたのは、そういうささやかな意図があるからである。

いまさらいうまでもないことだが、メキシコと日本は当時、その歴史も国情も全く異なる二国であったが、フランス政府が打ち出していた対外政策には、不思議なことにいくつかの共通点があったように思われる。

論を進めるにあたり、はじめにフランスのメキシコ干渉戦争について管見を述べてみたい。

（二）フランスのメキシコ干渉戦争

メキシコの豊富な天然資源

これについてはアレクサンダー・フォン・フンボルトの報告[2]が大きな役割を果たしたと考えられる。ごく単純化していえば、この国にはありあまる天然資源が存在するのに、現状では宝の持ち腐れのような国にとどまっている。つまり、同国には豊富な地下資源があるのに、それを活用できる資本も技術もないと見られていたから、勢いヨーロッパ列強が莫大な資本を投じたばかりでなく、多数の技術者を送りこみ、とりわけメキシコの鉱山（豊富な銀を産出する）の開発に乗り出していた。

メキシコの不安定な政治情勢

一八二一年の独立以来、メキシコは政治状況が安定せず、外部では国内統一が達成できた国とはみなされていなかった。そのため、同国の天然資源開発のため、多額の資本投資をしてきたヨーロッパ列強（英国、フランス、スペイン）はメキシコ政府が負う対外債務をどのように処理させるかに腐心していた。

ヨーロッパ列強による政治的介入直前のメキシコの政治的状況はまさに「無政府状態」ともいえそうで、メキシコ・シティにはミラモンが率いる政権があり、ベラクルスにはフワレス（Benito

Juárez 一八〇六～七二)が陣取る政権が君臨していた。

ナポレオン三世とメキシコ情報

フランスにはすくなからぬ亡命メキシコ人がいた。

ナポレオン三世の皇后ウージェニー(一八二八～一九二〇。スペイン語ではエゥヘニア)はスペイン出身で、フランスに滞在中の亡命メキシコ人の中でも有力者と接触していた。

これら亡命メキシコ人から得られる情報のほかにナポレン三世はメキシコについて書かれたフランス人の旅行記を読んでいた(3)と考えられる。これらフランス人旅行者は左記の点をフランス政府に訴えていた。

(1)政治的混迷が続くメキシコ在住のフランス人の安全と財産の保護の必要性。

(2)テキサス周辺のメキシコからの独立を目の当たりにして、米合衆国によるメキシコ侵略の危険性が迫っていたこと。

(3)さらには新大陸におけるローマン・カトリック教の維持とラテン的伝統の維持。つまり、ナポレオン三世は米国に対抗しようとして、新大陸の一角にカトリックの橋頭堡を築こうとした。

その後のメキシコ情勢の展開

そのため、英国やスペインは一応対外債務の清算をフワレス政府に迫ったが深追いをしなかった。

それに反して、内陸に侵攻したフランスは、米国で勃発した南北戦争による混乱に乗じて、フワレスの率いるメキシコ政府軍と戦火を交えるとになった。

ピエール・ミルザの『ナポレオン三世』[4]によると、フランスのメキシコ介入戦争の際、前者が後者にたいして行った画策はおきまりのシナリオで展開されたという。すなわち、まず、潤沢な資本を自由にできる列強が債券を発行する。次に債務国が債券の返済を拒否すると、債務国を脅迫するため、陸・海の軍事力による示威行動に移り、最後には債務額を天引きするため、担保の差し押えをおこなう、と指摘されている(なお、後世の戦争史研究の視点からは、ヨーロッパ列強のメキシコ介入にも植民地戦争の特長として「欧米列強の側が軍事力と経済力で圧倒的に優位に立ち、相手方の戦闘能力を軽視して戦争に入ること[5]」が挙げられるようで、さらには同じ著者は、日露戦争にかんして「ロシアは、日本を基本的に植民地レベルの国家とみなしていたために、厳しい試練を味わった」と指摘する)。

その結果、英国、スペインやフランスというヨーロッパ列強が、未来のメキシコ君主に誰を推戴するかをめぐり、三すくみになったところで、ナポレオン三世は第三国にあたるハップスブルグ家からフランツ・ヨーゼフの弟、マクシミリアンをメキシコの皇帝に推し、無政府状態に等しいメキシコに君主制を打ち立てようとする「大構想[6]」を計画していた。

ところが、そのメキシコ行きは、マクシミリアンの生来の優柔不断な性格のため、出発間際までぐらついていたが、最後はその皇妃シャルロット Charlotte が彼の背中を押したかたちになったよ

うだ。(7)

自ら社会改革者を標榜し、メキシコに安定政権を打ち立てようとしたナポレオン三世だったが、その国情に疎かった。フランスから派遣した陸軍はプエブラ Puebla で敗北を喫した。フランス陸軍の名誉挽回のため、フランスはさらなる援軍を送り、なんとかプエブラ奪回を果たすが、それ以後、メキシコ戦線では泥沼にはまっていく。

戦役の途中からメキシコ皇帝に収まったマクシミリアンの経済建て直し政策も空中楼閣にすぎず、メキシコ皇帝はもっぱらフランスからの援助に頼ろうとした。マクシミリアンは皇妃シャルロットをヨーロッパに一時帰国させ、ナポレオン三世に度重なる嘆願をするが、フランスはそれにも聞く耳をもたず、最後にはメキシコを見捨てるかたちになり、マクシミリアンには退位を勧告した。

そのためシャルロットはローマ法王に謁見し、教皇に直接嘆願した頃から発狂の兆しが見えはじめたという。(8)

フランスによるメキシコ干渉戦争の結末は、メキシコ皇帝に収まった後でも的確な情勢判断を下せず、決断力に欠けるマクシミリアンにたいし、決断力の権化そのもののようなファアレスとの性格の相違に帰するようだ。たとえば、旧ソ連の歴史家によれば、フワレスは「不屈の意志」una voluntad de hierro を有していたとされる。(9)

ヨーロッパ列強の思惑をよそに、南北戦争終了後の米国は、フランスが築こうとしたメキシコの君主政権を認めず、逆にフワレス政権支持に回っていた。(10)

そのため、メキシコにたいし多大の物的・人的援助をつぎ込んだフランスだったが、米国は新大陸にヨーロッパ型の君主制政権を樹立することには終始反対で、マクシミリアンのケレタロQuerétaroでの敗北はヨーロッパ君主制の終焉でもあったとされる。[11]

(二)第二帝政期フランスと日本との関係

この問題については、わが国では多くの専門家が夥しい研究書を刊行していて、この小論ではその詳細に立ち入ることはできない。ただ、同じテーマについて、二回目の口頭発表では、非ヨーロッパ諸国にたいするフランスの外交政策を調べてみると、ナポレオン三世は地理上も、国情上も全く異なるメキシコと日本へ、同じ外交官や軍人を派遣したことが判明した。わたしの調べた範囲に限ると、メキシコと日本に関係した三人のフランス人に次の人たちがいる。

一人は、グロ男爵Baron Gros, Jean Baptiste Louis(一七九三〜一八七〇)で、清朝と英国の全権使節エルギンとともに天津条約(一八五七)を締結したフランスの外交官として知られているが、彼は来日前にメキシコでも勤務した外交官だった[12](一八三二〜三六)。彼は三代続いた画家の家系に属し、彼自身も画家だった。使節に同行した随行員によれば、グロ男爵は日本について、「極東の中でもっとも文明化した国」と評したという[13]。

二人目はデュパンDu Pin(一八一四〜六七)である。一八六〇年十月、中国と結んだ天津条約の批准書交換のため、英仏大使が北京へ向かう途上、モンゴルの欽差大臣が攻撃してきたため、英仏連合軍が応戦し、北京を占領したが、このとき英仏連合軍にフランス軍人として参戦した一人である。彼は、この事件終了後、日本に立ち寄り、その見聞記『日本論』を書いたが[14]、出版は死後となる。その後、彼はメキシコ戦争に派遣され、ファアレスの率いるゲリラの抵抗を撃退したフランスの陸軍大佐として勇名を馳せたといわれている[15]。

三人目は、砲兵二等中尉としてメキシコ戦争に従軍(一八六二〜六四)し、一旦帰仏した後、第一次フランス軍事顧問団の一員として渡来したジュール・ブリュネ Jules Brunet(一八三八〜一九一一)である。周知のように、彼は明治新政府に反旗を翻した榎本武揚の反乱軍に加わったことで知られるフランス軍人だった。

これら三人のフランス人に、メキシコとは無縁だが幕末日本で活躍したレオン・ロッシュ Léon Roches(一八〇九〜一九〇〇)を加えてもよいかもしれない。江戸着任前のその前歴はアラビア語の通訳官を振り出しに、アラビア語圏での最後の経歴は一八五五年チュニスの総領事兼代理大使だったが、次いで、駐江戸総領事兼駐日代理公使として来日した。

彼の歴任したポストからもうかがえるように、当時のフランス政府がどのような経歴をもつ外交官や軍人をヨーロッパからの遠隔地、メキシコと日本に派遣していたのか、おおよその見当がつくだろう。なお、中米のメキシコとわが国との関係にかんしては、目下、準備中の別の拙論に譲ることにするが、彼ら三人(四人としてよい)が両国において目指したのは、おそらく次の点であろう。

(1)ナポレオン三世がアルジェリアにおいて高らかに強調したように、まだ国情が安定しない国(メキシコ)や封建制度からようやく脱出したばかりの新興国(日本)にたいして、彼らは「文明の恩恵」を知らしめ、両国の近代化に寄与したいという使命感に三人(あるいは四人)は燃えていた。

(2)ナポレオン三世をはじめ、彼らに欠如していたのは、当該国の国情に疎かったため、メキシコでは、独自の社会的文化的土壌に生きる多種多様な先住民たちに無理やりヨーロッパ文明を押し付けようとして、別の価値観をもつ彼らと衝突したし、開国期の日本でも、まだ封建制から完全に脱しきれていない新生の明治政府にたいして、日本でのフランス文明の移植を急ぐあまり、数々の文化衝突を招いたといえるだろう。

次にナポレオン三世の帝政時代についてわが国で刊行された研究書を駆け足で覗いてみよう。

やや古い文献となるが、いまや古典的な名著と目される大塚武松『幕末外交史の研究』(宝文社、一九五二年)を必読書として第一に挙げることに誰しも異論はないだろう。この本については、末尾で簡単に言及する。

次に、以下のページでは、本稿に関連する、最近出た重要な文献として、下記の書物だけを挙げ、中身を大急ぎでコメントしたい。

鹿島茂『怪帝ナポレオンⅢ世　第二帝政全史』(講談社、二〇〇四年)『怪帝ナポレオン三世　第二

帝政全史』(講談社学術文庫版、二〇一〇年)。
高村忠成『ナポレオンⅢ世とフランス第二帝政』(北樹出版、二〇〇四年)。
柴田三千雄『フランス史10講』(岩波新書、二〇〇六年)。

文庫本でも全体が六百ページにも及ぶ鹿島の労作を読むと、フランスと幕末日本との関係については、最後の将軍徳川慶喜の名代として一八六七年のパリ万博に派遣された徳川昭武、随行員渋沢栄一とナポレオン三世とのかかわりがわずかにふれられているだけで、第二帝政と幕末日本との外交関係はほとんど問題視されてはいない。ある意味では著者の視点は正しいといえよう。というのもフランスで刊行された研究書をひもといてみても、当時のフランスとアジアとの関係にかんしては、前述したように、中国やコーチシナ(後の南ヴェトナム)とカンボジアまでは取り上げられるが、同国と日本の関係にはほとんどふれられることがないからである。なお注1と[補注]も参照されたい。

ところが、わが国の研究者による日仏交流史を見るとナポレオン三世が日本に格別の関心をよせていたかのような印象をうけるものが多いようだ。当時の世界情勢を考慮すると、フランス外交の中心は、いうまでもなく、クリミア戦争、イタリアの統一問題やプロシャの軍事力強化への懸念、さらにはメキシコ介入戦争等に向けられており、極東の小国、日本に主たる関心が注がれることはなかったことは、一目瞭然であるといえるからだ。

それもそのはずで、高村忠成の前掲書によれば、メキシコへのフランスの介入の動機として以下の三点があげられるからである。

(1)メキシコに宗教上の梃入れ、中米におけるカトリック帝国の橋頭堡構築を目指す。

(2)文明史的にはアングロサクソン(この場合はアメリカ合衆国)の優位性に対するラテン民族の挑戦。

(3)メキシコの豊かな資源、原材料の獲得[16]。

(4)高村は同じ研究書の別の箇所で、「ラテンアメリカ諸国でも、アルゼンチン、チリ、ペルーはメキシコ帝国に強く反対[17]」したと指摘したが、その論拠をしめしていない。筆者が調べた狭い範囲では、「メキシコのペルー大使はフランスとスペインの干渉に抗議し、国外退去をせざるを得なかった[18]」とある。

最後に、鹿島と高村が指摘しなかった点を補足すれば、ナポレオン三世は、フランス文明の長所を具体的にしめそうとして、日本の幕末・明治開国期にフランス軍事顧問団を三度も派遣した(第一次一八六七〜六八、第二次一八七二〜八〇、第三次一八八四〜八九)ように、当初はメキシコでも自国の軍隊が創設されるまでフランス軍をメキシコに駐屯させるつもりだったようだ[19]。わが国では、顧問団を迎えるべく、フランス公使ロッシュは、前任地のアルジェリアでもフランス語とアラビア語の通訳養成学校の創設を推進したように[20]、日本でもほぼ同様な学校として、一八六五年に横浜仏語伝習所が創設された[21]。

この学校からは日本の近代化に貢献した有為な若者が多数巣立っていったが、このように非ヨーロッパ圏に広域言語としてのフランス語を広めようとしたフランス政府の当時の政策には、別の意図があったとする見方もある。たとえば、小松裕子「フランコフォニー概念の変遷と受容」によれば、フランス語圏連帯運動と訳されるこの語をはじめて使用したのは、フランスの地理学者オネジム・ルクリュ(一八三七〜一九一六)であったとのことだが、この運動の背景には、「十九世紀末のフランス植民地主義のコノテーションを強く残しており、脱植民地を達成したばかりの人々には受け入れがたい言葉だった[22]」という注目に価する指摘もある。

鹿島によるナポレオン三世の伝記は、第二帝政の歴史的時代背景というよりはむしろ、かの華やかな時代におけるフランスの社交界を中心とした人間模様、男女の風俗習慣をくまなく暴くことに力点がおかれている。歴史的背景についての鹿島のユニークな視点は、従来、わが国の左翼系の歴史家ら(とくに井上幸治、桂圭男等[23])が第二帝政時代の負の部分のみを取り上げ、往年のマルクス・ボーイよろしく、一貫してこれをこきおろしたのに対して、社会改革者としてナポレオン三世の残した正の部分(オスマン男爵によるパリ都市改革等)を紹介した点が新しいところだろうが、わたしが関心をいだくナポレオン三世とメキシコ戦争との関係になると、その記述に不満ののこる部分もないわけではない。

作家、綱淵謙錠は小説『乱』上・下巻（中公文庫、二〇〇〇年）において、ナポレオン三世のメキシコ干渉戦争をたんに「愚挙」として片付けているが、鹿島は前掲書ではそうとはせずに、ナポレオン三世とメキシコ問題にもかなりの紙幅をさいて論じているのはさすがである。とはいえ、その記述にはもっと正確をきすべき部分も少なくないように思われる。ここではわたしが気づいた以下の点を指摘するに留めておきたい。

著者はサン＝シモン主義者のミシェル・シュヴァリエの、ナポレオン三世への経済政策の影響力に言及しているが、シュヴァリエは前述したように、著書『メキシコの古代と近代』（注3を参照されたい）を書き、それがフランスのメキシコ戦争介入の動機のひとつにつながっている点にふれるところがないのは惜しまれる。

最後に柴田三千雄の小冊子についてであるが、新書判という限られた紙幅の内にフランス全史が要領よく、コンパクトにまとめられていて、注目に価する。柴田の見解でとくに教えられたのは、フランスをはじめ当時のヨーロッパ諸国の外交は、メキシコや極東において見られるように「実りの多い海外活動の拡大を志向する「外向」的」であったのにたいして、「国内秩序の再建を優先する「内向」的な」[24]東アジア国家（中国、日本等）という大枠で世界情勢をとらえた点である。

さらにこの小論のテーマにも関係する細部にかんしては、第二帝政下でのフランス経済の大躍進の要因を「自らその影響をうけたルイ・ナポレオンは銀行家ペレール兄弟やミッシェル・シュヴァリエなどサン-シモン主義者をテクノクラートとして起用し、国家指導の産業政策を推進した」と柴田は指摘する。

国際関係でもルイ・ナポレオンは「積極的な対外政策を展開して、北アフリカ、東アジアの植民地政策ではほぼ成功をおさめた。

しかしヨーロッパ内ではその対外政策は一貫性を欠いた。クリミア戦争への介入(一八五四年)は成功するが、次のイタリア統一戦争(一八五九〜六〇)では中途半端な態度のため、イタリア人のみならず国内の共和派とカトリックを反対派にまわす。[……]このような国内の支持基盤の変化のなかで、アメリカ大陸への勢力扶植をはかったメキシコ出兵(一八六二〜六七)が失敗して、政府の威信は大きく失墜した」とも柴田は分析する。

むすび

この小論の狙いのひとつは日仏の関係だけに限定せず、日本以外の国も視野にいれてフランスの外交を見直す必要がありはしないかという点に置いてきたつもりである。たとえば、日仏の交流だけに限れば、最後の将軍、徳川慶喜とフランス公使レオン・ロッシュとの格別の関係を強調したくなるだろうし、幕末のフランスと日本という狭い観点からは、誰が書いてもそこに力点がくるのはほぼまちがいないであろう。

たとえば、日仏の外交史に詳しい矢田部厚彦氏は、次にように書いておられる。

「レオン・ロッシュは、一八六四年四月に着任すると、短期間のうちに幕府要路の信頼を獲得し、特に徳川慶喜が第十五代将軍となってからは、慶喜と特別な親交を結んで絶大な影響力を発揮した。慶喜は、一八六七年のパリ万博への参加を決定しただけではなく、実弟徳川昭武を代表として派遣し、パリで教育をけ《ママ》させた程であった。こうして確立された緊密な日仏関係を背景に、ロッシュは、矢継ぎ早に、富岡製糸工場、横須賀造船所、横浜製鉄所、陸軍伝習、横浜フランス語学所等のプロジェクトを立ち上げ、これらを精力的に進し《ママ》た。その成果は、僅か二年余りの間に一外交官が為し得たものとしては、まさに瞠目すべきものである[25]〔後略〕」

　わが国でのレオン・ロッシュの活躍はその通りであろうが、その同じロッシュは前任地アラビア語圏ではナポレオン三世が掲げる「民族主義政策」を推進し、皇帝のアルジェリア訪問（一八六〇年九月十七日）を成功裡に導いたことでも知られる通訳官あがりの外交官だった。さらには、チュニジアの首都の海軍造船所やチュニスの大砲溶鉱所を建設し、道路と灯台を整備し、通貨と度量衡の改革も推進したといわれている。

　第二帝政下のフランス政府の対外政策を巨視的に眺めると、ナポレオン三世の日本への関心はそれほど高かったとはいえず、ヨーロッパからの遠隔地に位置したにも関わらず、天然資源に恵まれた中米のメキシコにたいして、極東の中国〔や日本〕以上に、多大の関心をしめした結果、フランス政府はメキシコ干渉戦争に当時最強と目された軍隊と多大の軍事費をつぎ込んだのでないだろうか。

　最後に、大塚武松『幕末外交史の研究』（宝文社、一九五二年）には、次のような記述が含まれるが、その指摘はいまも注目に価する。

「元治元年(一八六四)十一月頃、ロッシュは、幕府の承認を得て、横浜の山手に一万八千平方米の地域を賃借し、兵舎病院・石炭庫等を具備した海軍館を建設し、列国公使をして、本国政府のメキシコ遠征に利用せんとする底意ではないかとの疑惑の眼を張らしめた[26]」。

今日と比べると入手できる資料の極端に少なかった古い時代に、大塚が世界史的視点で日本駐在のフランス軍とメキシコ問題に言及したのは卓見として、筆者は最後に幕末研究の先駆者大塚の業績に敬意を表して、この小論を擱筆したい。

注

(1) Paul Henry, *Napoléon III et les peuples./ A propos d'un aspect de la politique extérieure du Second Empire.*(GAP. 1943). Publications de la Faculté des Lettres de l'Université de Clermont. Fascicule II., p.76.
Pierre Milza, *Napoléon III.*(Perrin, 2008). Voir pp.527-529.
(2) S.Ichikawa, "Alejandro de Humboldt y la Nueva España" 早稲田大学地中海研究所紀要第七号(二〇〇九年)pp.67-80.
(3) Mathieu de Fossey, *Le Mexique.*(Paris, 1857).
Michel Chevalier, *Le Mexique ancien et moderne.*(Hachette, 1863).
(4) Pierre Milza, *op.cit.*, p.531.
(5) 横手慎二『日露戦争史　二十世紀最初の大国間戦争』(中公新書、二〇〇五年)p.106.
(6) Christian Schefer, *La Grande Pensée de Napoléon III.*(Librairie Marcel Rivière, 1939).
(7) Pierre Milza, *op.cit.*, p.537.
Alain Gouttman, *La Guerre du Mexique*(1862-1867). (Perrin, 2008). pp.212-213.
(8) *Ibid.*, p.349.
(9) A.Belenki, *La Intervención Francesa en México 1861-1867.*(4a. Reimpresión, 2009). p.34.
(10) Alain Gouttman, *op.cit.*, pp.352-353.

(11) *Ibid.*, p.426.
(12) Manuel Romero de Terreros *El Barón Gros y sus vistas de México.*(Imprenta Universitaria, México, 1953). pp.6-7.
(13) Ch. De Chassiron, *Notes sur Le Japon, La Chine et L'Inde. 1858-1859-1860.*(Paris,1861). p.99 et p.152."pays le plus civilisé de l'extrême Orient."
(14) DU PIN, Charles-Louis-Desiré, *Le Japon, Moeurs, coutumes, descriptions, géographie, rapports avec les Europeens*, par le colonel d'état-major DU PIN. Paris, Arthus Bertrand, 1868. in-8o, 140pp. p.39. "ils[=les Européens] apportaient avec eux les germes d'une civilisation plus avancée".
(15) Walter Bruyère-Ortells, *Napoléon III et le Second Empire.*(Vaibert, 2004). p.178. ではDupinと綴られているが、おそらくは『日本論』の著者DU PINと同一人物であろう。
(16) 高村前掲書。p.156.
(17) *Ibid.*, p.187.
(18) Cf. Franklin Pease G.Y., *Breve Historia Contemporánea del Perú.*(Fondo de Cultura Economica, México, 1995). p.132.
(19) Alain Gouttman 前掲書。p.202.
(20) Léon Roches, *Trente-deux ans à travers l'Islam* (1832-1864). 2vol.(Paris, 1884-1885). t.2., pp.469-473.
(21) 高橋邦太郎「横浜仏語伝習所」p.182『日仏の交流　友好の三百八十年』(三修社、一九八二年)
(22) 小松裕子「フランコフォニー概念の変遷と受容」「藝文研究」No.97. 2009. p.159. を参照されたい。
(23) たとえば、桂圭男『パリ・コミューン』(岩波新書、一九七一年)p.214. には「マルクスは、疎外された労働を真実の人間的労働に変える目標を、コミューンに内在する本質的な指向として確信した」とある。
(24) 柴田前掲書。p.70. 以下の引用も同書から(p.157 et p.159)
(25) 矢田部厚彦「駐日フランス公使レオン・ロッシュ生誕二百年にちなんで」横浜日仏協会編「日仏交流」第十五号(二〇〇九年)p.74.
(26) 大塚前掲書。p.255.
[補注]ティエリー・ランツ著、幸田礼雅訳『ナポレオン三世』(白水社、二〇一〇年)。本訳書の中心テーマは、やはりナポレオン三世とヨーロッパ諸国との関係で、フランスと極東にかんしては、わずかに中国とインドシナに言及があるのみである。原著者はフランス人であるので、それもやむえないのかもしれないが、訳者も「あとがき」でナポレオン三世と日本との交流

に一言もふれていないのは悔やまれる。

注で引用・言及した以外の参考文献としては左記の書も参照した。

（1）フランスのメキシコ干渉戦争について

Martín Quirarte, *Historiografía sobre El Imperio de Maximiliano*.(Universidad Nacional Autónoma de México, 1970).

Jean-François Lecaillon, *Napoléon III et Le Mexique/ Les illusions d'un grand dessein.*,(Edition L'Harmattan, 1994).

Mathieu de Fossey, *Viaje a México. Prólogo*. José Ortiz Monasterio.(Consejo Nacional para la Cultura y las Artes, 1994).

Jean Avenel, *La Campagne du Mexique*.(Economica, 1996).

Jean Meyer, *Yo, El Francés./ Crónicas de la Intervención Francesa en México.(1862-1867)*.(Tusquets Editores, 2000).

Napoléon III et l'Europe/ 1856: le congrès de Paris.(Artlys, 2006).

Sous la direction de Pierre Milza, *Napoléon III/ L'Homme, Le Politique*.(Napoléon III "Editions", 2008).

（2）日仏関係について

Baron Gros, *Négociations entre la France et la Chine en 1860*.(Paris, 1864).

Léon Roches, *Dix ans à travers l'Islam, publié par E.Carraby*. Paris, 1904.

中山裕史「レオン・ロシュの対日政策の背景　駐日全権公使着任までの軌跡」桐朋学園大学短期大学部紀要　第十六号（一九九八年）。

中山裕史「レオン・ロシュの対日政策の背景」桐朋学園大学短期大学部紀要　第十九号（二〇〇一年）（2）p.31.(21).

樺山紘一・木村靖二・窪添慶文。湯川武編『クロニック　世界全史』（講談社、一九九四年）。

[最後に、メキシコにおけるグロ男爵の貴重な文献のコピーをお送りくださったメキシコ自治大学 UNAM の Prof. José Enrique Covarrubias と Quirarte, *Historiografía*, Mathieu de Fossey, *Viaje a México*. その他、わが国では入手しがたい文献コピーを快諾され、送ってくれた Universidad de Colima の Profra Martha Loaiza に謝意を表したい。]

第三章　岩倉使節団とフランス――明治の日本人に見えなかったもの

わたしは同じタイトルに副題として「明治の日本人がヨーロッパで見たもの」をつけ、フランス語で小論を発表したことがある[1]。そのため、当初、本小論を「フランスで見えたもの」と「フランスで見えなかったもの」と二つにわけて論じる予定であったが、紙幅の関係でここでは「見えなかったもの」のみを取り上げてみたい。

岩倉使節団とフランス陸軍

岩倉具視使節団のフランス側との会見で団長が、次のように述べたと雑誌『両世界評論』の記事「タイクン政府の廃止以降の日本」で報じられている。「ミカドの外務大臣[＝岩倉具視]は、ドイツとの敗北後、われわれの代表にこのように語った。「われわれは戦争がフランスに課した不幸を存じておりますが、このことはフランス陸軍の長所にかんするわれわれの見解をなんら変更するものではありません。仏陸軍は数に勝る敵軍にたいしてあれほどの勇気をしめされたのですから[2]」。

『ジュルナル・ユニヴェルセル紙』も一八七三年三月二十九日付で、次のように報じた。「特命全権使節団の派遣は、実行に移されたばかりの一連の諸改革の発端にすぎない。［中略］周知のように、日本陸軍はフランスの士官からなる軍事顧問団の助力で完全に再編成されたのである[3]［後略］」。

岩倉使節団にかんするあまたの研究書で指摘されてきたことであるが、その主たる目的は、幕末に締結されたヨーロッパ列強との「不平等条約」の改定(とりわけ治外法権の撤廃)と、欧米先進国での実情視察であったのはいまさらここで贅言におよぶまでもない。

だが、先の二つの引用文でも明らかかのように、普仏戦争でのフランスの敗北にかかわらず、岩倉具視がその陸軍の長所をほめたたえていることも、未来の日本陸軍がフランス式でその時点では、再編成されつつあった、とフランス新聞で取り上げられていたことも事実であった。フランス軍事顧問団は、幕末の初回から数えて計三度も来日したのであるが、わたしはこれについても他誌で小論を発表している[4]ので、ここではごく単純化し、整理しておきたい。第一次顧問団は、一八六七年に来日したが、幕府の崩壊で翌年、解消になった。次いで、フランスの普仏戦争での敗退にもかかわらず、第二次顧問団は、一八七二(明治五)年に派遣され、一八七六(明治九)年まで帝国陸軍の再編成にかかわった。最後の第三次顧問団は、一八八四(明治十七)年から一八八九(明治二十二)年まで滞日し、日本陸軍の近代化に貢献した。

このように、ヨーロッパ列強との不平等条約改定や米欧先進国の実情視察もさることながら、右大臣岩倉具視を団長に総勢四十八名から構成された使節団の中には、いろいろな人たちが含まれていた。

前述したように、わが国における陸軍の近代化をフランス陸軍をモデルに研究する団員がいたということも当然だった。その一人に、日本出発時には軍人ナポレオンの熱烈な崇拝者だったが、滞仏以降、ナポレオン法典の法学者に転身した山田顕義の例がある。村田蔵六(後の大村益太郎)門下の頃、「小ナポレオン」とも称された山田顕義の関心が軍略家ではなく、ナポレオン法典の編纂者に方向転換した理由について、木村毅が次のように喝破している。

「[……]山田は目先が見えすぎ、西郷が死んだら日本には戦争なんかおこらんから、兵隊は無用の長物だ。おれにはもっと別に大切な仕事がある。といって初代の司法大臣を買って出たのは、ナポレオンが法典を編纂したのをまねたのである。つまりそこまで骨がらみになっているナポレオン崇拝だったのだ(5)」(富田仁の引用による)

パリ・コミューン鎮圧後の惨状と普仏戦争の裏面――大佛次郎『パリ燃ゆ』再読

はじめに、久米邦武が編んだ『特命全権大使米欧回覧実記(6)』から普仏戦争とパリ・コミューンにかんする叙述を抜き出してみよう。

久米邦武は、普仏戦争におけるプロイセン〔＝プロシア〕軍とフランス軍の兵士の優劣を論じた箇所で次のように指摘した。

「先年の普仏戦争でフランスは兵士は勇敢だったが士官の能力が劣っていたので破れ《ママ》、プロイセン軍は士官の規律がすぐれていたために勝ったと言われる〔……〕両軍が相迫って戦うと白兵戦になるが、この時は銃剣が最も大きな力を発揮した。メッツの激戦に際して両軍の死傷者は無数だったが、とくにプロイセン兵の戦死者の多くは銃剣によるものであったという」一八七三(明治六)年一月十五日[6]。

使節団が視察したフランスの現実の中で、普仏戦争後におこったパリ・コミューンの賊徒が遺した爪痕にふれ、久米は、次のようにも述べている。

「先年のコミューンの反乱の際、賊が乱暴して小銃を発射し、その弾丸で砕かれて廃物となった望遠鏡が壁にかけてあった。あの戦乱においては、プロイセン軍による破壊よりもコミューン一党による破壊の方がよほど激しかったのである」一八七三(明治六)年一月二十二日[7]。

久米がいみじくも指摘したように、フランスの兵士は、勇敢だったが、独仏軍の士官に能力の差があったというのは、おおむね史実に合致しているように思われる。というのもH・ルフェーヴルが言うように、「ボナパルティスムの名誉のまとである軍隊は、またその弱点でもある。軍隊はボナパルティスムを支え、またそれを傷つけられやすいものとする。ボナパルティスムが崩壊するのは、軍隊によってであり、また軍隊とともにである[8]」からである。

その頼みの軍隊は、普仏戦争ではシャロンでの作戦を任されたマクマオン元帥にも、メッツに駐留したバゼーヌ将軍にもプロシア軍にたいする戦意が欠如していて、ナポレオン三世がスダンで降服し、独軍の捕虜になったとの報に接すると、フランス政府の頂点を目指すルイ＝アドルフ・ティエール（一七九七～一八七七）も早々と「皇帝を見捨てたバゼーヌと同じく」、ナポレオン三世を見捨てたのである。これでは普仏戦争でのフランスの勝利は望むべくもなかった。

さらには、このような経緯の中で、明治の日本人にはティエールをはじめヴェルサーユ政府首脳が、フランスの北部を占領中のビスマルク（一八一五～九八）らに支援を求めていた点などは慮外の事態だったにちがいない。

この点は、現在の日本人にも普仏戦争の一番分かりにくい部分なので、具体的にふれてみたい。ナポレオン三世が権謀術数のビスマルクの罠にはまり、普仏戦争（一八七〇年開始）に敗れ、スダンでプロシア軍の捕虜となったとは、よく言われることである。この戦争に備え、プロシアの鉄血宰相は、かなり前から用意周到な準備をして戦闘に臨んだのだった。普仏戦争にかけるビスマルクの意気込みについて、大佛次郎は、このように指摘した。

「ビスマルクは、フランスに対する戦争を準備していた。大使としてパリで暮してナポレオン三世の人間を知っているし、プロシアがヨーロッパに覇をとなえる為には、どうしても一度、フランスを叩きつけるのが必要なのを固く信じている。普墺戦役の時、ビスマルクは既にこれを言明した。『我々の国家的発展の途中にフランスとの戦争は避け難い。内政にも外交にも、今日からこれを忘れず準備すべきだ。参謀総長モルトケ将軍は二年以前からフランスとの戦争は早期に始めるほどよい』との意見書を出してあった。彼らには戦争をもてあそぶ余裕が在った[9]」。

これに対して、その直前のメキシコ介入戦争では、「大帝［ナポレオン一世］の猿真似を仕損ねてメキシコ遠征で馬脚を現わして」（村上光彦氏）、ナポレオン三世は、多大の戦費と兵力を消耗し、フランス経済を逼迫させただけだった。その間、彼はプロシアにたいして、ほとんど戦争の準備をすることなく、普仏戦争に参戦し、敗北し、自ら第二帝政にピリオドを打つかたちになったのである。

ところで、普仏戦争の講和も正式に終結しなかった段階で、プロシア軍のパリ包囲による長期にわたる籠城を理由に早く休戦にもちこみたいティエール（組閣は一八七一年二月十九日）のヴェルサーユ政府の政策に反発し、パリの一部市民が、自治政府を目指して、一八七一年三月十八日に、いわゆるパリ・コミューンを宣言した。

これはヴェルサーユ政府にたいしてパリの一部市民が蜂起したのだから、本来ならフランスの内戦だったのだが、パリ・コミューンの反乱を鎮圧するため、ティエールや時の外相ファーヴルは、なんと敵側のビスマルクらの助力をあてにするという、奇妙な手段にうってでたのだ。コミューン中央委員会は、「ドイツ軍に対して何らの攻撃態度をとるものではない」と明言しているにも関わらず、アンリ・ルフェーヴルが指摘するように、「ドイツ軍はかなり忠実に中立という公式の態度を守っていた。だが、それはコミューンを粉砕するために、ビスマルクがティエールに兵士［ドイツ軍の捕虜となったフランス兵］を返還することを妨げるものではなかった。ドイツの首相は、すでに弱体化し敗北したフランスにおいて内戦が勃発し、それが憂慮すべき運動の敗北によって終るのを見ることは喜ばしい限りであった」[10]。老獪なビスマルクは、パリを震源地とする「叛乱の毒素」、つまり、パリ・コミューンの宣言は、フランス革命(一七八九年)の亡霊を彼にふたたび想起させるからであった。これは、十八世紀を通じて、ヴォルテール、ディドロ、ダランベールといったフランスの啓蒙思想家に対して好意的ジェスチャーをしめし続けたロシアの女帝エカテリーナ二世についても同じことが言えるだろう。というのもフランス革命が起こるやいなや女帝は、一転してアンチ・ヴォルテール主義者に豹変して、ヴォルテールの著作をすべて焼却処分したと言われているからである。作家大佛次郎は、このあたりの状況をこのように描写する。

「[……]これまでもパリに起った革命が、一度ならず、その後も繰返して近隣の国々に革命的波動を送って動揺を生んだ。現にパリは、諸国の共和主義革命運動の亡命者を迎え入れて、叛乱のプールとなっている。政治的亡命者が安全で生活出来る場所である。フランスがここで赤化し、人民政府を樹てるような事態に入る。怖るべき革命伝染病の病巣となり、亡命者を活発に働かせ、容易に叛乱の毒素を国々に伝えるのである。ビスマルクの読みは深く深いものであった。十月三十一日のパリの一事件が一夜で制圧されたとしても、将来が考えられた。それまでしてパリの民衆が休戦反対の意志を示しただけでも無視出来ぬことである。『これはいけない』と、彼は言った」。

ビスマルクの脳裏にはカイザー(ヴィルヘルム一世)の存在をも脅かす兆候でもかすめたのであろうか。

これに対して、ヴェルサーユ政府も、パリ民衆の鎮圧にプロシア側からの支援をあてにしていたのだから妙ななれ合いだった。

「ティエールは、いざとなれば、昨日の敵のドイツ軍の首脳部、ビスマルクやモルトケから支援を受けられることを確信していた」とも大佛は書いている。

なお、時の大統領ティエールについて、「今度のプロイセン軍による攻撃の際、防衛政府を組織するにあたって大統領に選ばれたのである。昨年春、プロイセンと講和し、その軍を撤退させて償金を払うことを決め、さらにパリ・コミューンを鎮定するなど、国家の危機に対して力を尽くした」[11]と久米は紹介しているだけではなく、岩倉使節団は一八七三年(明治六年)のヴェルサーユでの新年祝賀会に招かれた、と記している(明治六年一月一日)。久米は「ヴェルサーユ市はパリの西北にあり、汽車で一時間足らずである」[12]とさりげなく書いているが、パリ・コミューンの反乱軍が鎮圧された(一八七三年五月二十八日)とはいえ、反政府感情の強いパリ民衆を恐れるあまり、この期におよんでもティエール以下の政府首脳はパリには容易に近づくことができなかったのは日本の使節団には想定外だったにちがいない。

ところで、パリ・コミューンを動かしたのは、プルードンとブランキの思想だったという大佛次郎の主張は全巻を通して一貫しているが、前者の思想については、その著『財産とはなにか』から二度「財産とは盗んだもの」を引用し、説明しているにすぎず、後者についてはその思想のなんたるには全くふれられていない。大部な著作の中で、ブランキは、まるで影絵のように登場するにすぎないけれども、この力作の最後は、ブランキのクレマンソーあての書簡で締めくくられている。

著者がパリ・コミューンの思想的バックボーンにあえて踏み込まなかったのは、マルクス『フランスの内乱』やエンゲルス『空想から科学へ』によって、彼らの依って立つ理論を十分に分析されているとして、それ以上に立ちいる必要なしと考えていたからだろうか。

フランス流の共和政思想

かつてテレビ番組ＥＴＶ「司馬遼太郎・雑談『昭和』への道」で、いまは亡き司馬は「明治七〜八年（一八七四〜一八七五）ごろ、日本で湧きあがったフランス流の民権思想は過激にみえた」と説明されたが、岩倉使節団はナポレオン三世のフランスが普仏戦争でプロシアに敗れた直後のヨーロッパを視察し、生々しい戦禍の惨状をパリで目の当たりにした。ヴェルサーユ政府側の説明のあるがままに、一行はフランス流の共和政思想がもたらした惨禍に立ち会わされたかたちなったのだった。

ところで、明治時代から日本語では民権思想の語が親しみやすいが、それと同義の共和政思想というのは、ひとことでいえば国家に君主は不必要とする急進的政治思想と置き換えた方がわかりやすいかもしれない。つまり、ヨーロッパではフランス革命の仕上げにルイ十六世を処刑するにいたった過激思想をもっぱら指すから、産声をあげたばかりの明治政府はその頂点に明治帝をいただいているために、わが国の為政者たちが共和政思想を極度に恐れたのも無理がなかったといえよう。

岩倉具視一行がベルリンで会見した鉄血宰相ビスマルクやプロシア軍の参謀総長モルトケもパ

リ・コミューンがおこった時にはフランスに滞在中であり、ヨーロッパ諸国へのこの危険な病根の伝播を食い止めようとやっきになっていたこともあり、反パリ・コミューンのヴェルサーユ政府のティエールや外相ファーヴルの要請に積極的に協力したほどだった。すなわち、ビスマルクから特別許可をうけ、普仏戦争中、プロシア軍の捕虜となっていたフランス兵十七万人をパリ・コミューン軍の撲滅のため、ヴェルサーユ軍に合流させたのだった。大半が志願兵から構成されていたコミュナール連盟軍に対して、実戦の経験をつむ十七万のフランス兵がヴェルサーユ側に加わったから、戦闘はヴェルサーユ側が俄然優勢となったのはいうまでもなかった。

わたしはパリ滞在中になんどかペール・ラシェーズ墓地を訪れているが、コミューン兵の残党が最後には、墓地の奥、いわゆる「連盟兵の壁」まで追いつめられ、皆殺しにされる悲惨な最期をむかえたという一点がよく呑み込めなかった。つまり、なぜそれ以外に生き延びる方法がなかったか、というのがわたしの素朴な疑問だった。ヴェルサーユ政府にプロシア軍の協力があったというのであれば、この疑問は氷解する。大佛は、次のように指摘する。

「彼らは市の場末の、城壁まで追詰められていた。その時、背後の郊外を保障占領中のドイツ軍が、パリから出て来るあらゆる道路をバリケエドで塞ぎ、北鉄道を占領し、サン・ドニ運河左岸にドイツ軍隊を入れて、ほかに五千名の兵力で、コミューン側に残った唯一の城塞ヴァンセンヌを郊外に孤立せしめた」。

おわりに

思うに、戦争というのは、国益を異にする場合、国家間で衝突がおこり、戦争に突入するのはいうまでもない。独仏両国は人種的にも、文化的にも異なる歴史を歩んできているが、隣国同士のドイツ人とフランス人は、過去において渡仏する前のわたしが想像していたほどたがいにいがみあっていたのであろうか。具体的な例をあげてみよう。普仏戦争でフランスが敗れた結果、ドイツに割譲されたアルザス・ロレーヌの人たちの中に、自らの国籍の選択を迫られた人々がいた。実例では、第二次フランス軍事顧問団の一員として来日し、二年間滞日した（一八七六〜七八）アルザス出のフランス人、ルイ・クライトマン（一八五一〜一九一四）のケースがある。クライトマン兄弟はともにフランス国籍を選び、フランスの秀才校のひとつ理工科学校に進学したが、反対に、両親はドイツ国籍を選択したという。日本的に考えると一家離散の悲劇ととられがちになりそうだが、果して当人たちにはそのような意識があったのだろうか。

同様に、わが国では、アルフォンス・ドーデの『最後の授業』は、普仏戦争に敗れた結果、フランスはアルザス＝ロレーヌを失うばかりか、フランス語という母語をも失う危機に見舞われるという愛国的なコンテクストでとかく解釈されがちである。ところがアルザスがおかれてきた歴史的な経緯からはわが国で考えるほど大きな言語的・文化的問題を惹起させた大問題ともわたしには思われない。というのは現在でもアルザスの人々の大半は、フランス語とドイツ語のバイリンガルだからであり、わたしが滞在した当時の現地では、公共のバス等の注意書きはフランス語とドイツ語が併記されていたからである。

わが国での外国文学の授業は、伝統的にタテ割りで行われてきたので、ドイツ精神とフランス精神は、水と油のように相反するものの如く論じられがちであるが、国境を接することの多いヨーロッパ諸国の間では日本で力説されてきたような国家間に政治的対立関係がつねにあるのかどうかをわたしは疑わしいと思うようになっている。

大佛次郎『パリ燃ゆ』では、パリという一都市における市民の蜂起の一部始終が取り上げられるが、当時、普仏戦争がまだ終結せず、フランスの一部を占領していたプロシア軍の支援のおかげで、ティエールのヴェルサーユ政府はかろうじて連盟軍を撲滅するにいたるのであるが、大著をライフワークとした大佛は、「一八七一年のパリ・コミューンのパリは、新しい社会の前触れとして永遠にほめたたえられるであろう」(『フランスの内乱』仏訳より訳出)と絶賛したマルクスの顰みにならい、主人公は掲げるコミューンの理想社会を実現できずに命を落とした「無名の人々」であるとし、終始彼らをあたたかい眼差しで見つめている点も強調しておきたい。

注
(1) ICHIKAWA Shin-ichi,《La Mission Iwakura (1871-1873) et la France—ce que virent en Europe les Japonais de l'époque Meiji》早稲田大学地中海研究所紀要、第四号、二〇〇六年三月、一一九～一二九頁。
(2) *Revue des Deux Mondes*. Mars-Avril.1873., p.479.
(3) *Illustration / Journal Universelle* du 29 mars 1873. p.206.
(4) Shin-ichi ICHIKAWA,《Les premières Missions militaires françaises vues par les Japonais de l'époque Meiji》dans *Revue Historiques*

des Armées. Mélanges. No.224. Septembre 2001. pp.55-64.

(5)富田仁『岩倉使節団のパリ　山田顕義と木戸孝允　その点と線の軌跡』(翰林書房、一九九七年)一三五頁。

(6)現代語訳久米邦武編著「特命全権大使米欧回覧実記」訳注水澤周企画米欧回覧の会(慶應義塾大学出版会、二〇〇五年)。第三巻、二九頁[以下、現代語訳久米邦武と略記]。

(7)同上、一〇一頁。

(8)H・ルフェーヴル著、河野健二、柴田朝子、西川長夫訳『パリ・コミューン』(岩波文庫、二〇一一年)上巻・一八八頁。

(9)大佛次郎『パリ燃ゆ』からの引用・言及はすべて『ノンフィクション全集』(全五巻中の『パリ燃ゆ』は第三巻、四巻、五巻、朝日新聞社、一九七一年)によるが、煩瑣をさけるため、あえて巻数とページ数は示さなかった。

(10)H・ルフェーヴル著、前掲邦訳、下巻、一七六頁。前掲邦訳(下巻、三五三頁)でも「ティエールの持ち札のなかに、ドイツ軍という強力なカードがあった」とある。

(11)現代語訳、久米邦武、第三巻、五三頁。

(12)同上、第三巻、五五頁。

第四章　パリ・コミューン、ルイズ・ミシェル、大佛次郎

回想の大佛次郎

昭和初期の暗い時代に少年時代を過ごしたので、わたしも、鞍馬天狗に夢中になった。もちろん大佛次郎の原作にではなく、嵐寛寿郎（一九〇三〜八〇）（通称「アラカン」「天狗おじさん」）にだ。悪い奴になんぐせをつけられた弱者があわや命を断たれようとしている場面に、どこからともなく、馬にまたがった「アラカン」がさっそうと現れて、悪漢ども一網打尽にやっつけてしまう。わたしは、彼が登場する「時代劇」の大剣戟に無我夢中で、あの、かっこいい映画のシーンのとりこになったものだ。「映画の鞍馬天狗は人を斬りすぎる」ので大佛が不満であったことも知らずに（川西政明『鞍馬天狗』）。

とはいえ、これまでわたしは連作「鞍馬天狗」の熱心な読者だったことはなかった。長じてフランス語やフランス文学の道に進んだが、大佛次郎が、東京帝国大学政治科出身なのに、最初の文学

活動がロマン・ロランの翻訳(筆者は未見)であったことを知った。学生時代のわたしは、フランスの歴史やフランスという国を知ろうとして、フランスについて書かれた本はなんであれ、手当たり次第に耽読した。いまでもはっきりと作者と題名を覚えているのは、旧創元文庫の大佛次郎著『ドレフュス事件』であり、『ブウランジェ将軍の悲劇』であり、『パナマ事件』である。

最近、必要があって、ノン・フィクションの大作『パリ燃ゆ』や史伝『天皇の世紀』を再読したが、改めて、これらノン・フィクションの読書から多くの知らないことを大佛次郎から教えられた。わたしは安政の大獄をおこした井伊直弼(一八一五〜六〇)を弁護する者ではないが、その頃、水戸斉昭烈公は関東でほえていた。「津波から逃れた五百人ものロシア人を皆殺しせよ!」「ハリスの首を刎ねろ!」と。

他方、京都御所では生来的に異人を毛嫌いする孝明天皇が控えていた。

このような状況下で、勅許をえられない大老、井伊直弼が歴史的な大粛清を断行したのは、大佛次郎が描くように、苦渋の選択をせざるをえなかったのではないか。こうして、わたしは『天皇の世紀』(第二巻、朝日新聞社、一九七一年)によって大佛から井伊にかんして別の視点を学んだのだった。

研究者のはしくれとして、頭のさがる思いがするのは、大佛次郎が徹底した史料収集家であったことだ。彼はどの作品でも叙述裏付けのため、必ず現場に足を運んだのである。このようにして、『パリ燃ゆ』ではコミュナール(パリ・コミューン連盟派)たちが常連だったモンマルトルのカフェも探しあてている。

『天皇の世紀』では、武田耕雲斎が本陣をはった雪深い新保にも、岩倉具視が蟄居した京都郊外の岩倉村にも大佛は出かけている。第十巻「旅」では、津和野詣はいうまでもない。

もうひとつは、若い時から、大佛は、資料収集のためなら、惜しげもなく散財したらしいということだ。戦後まもない頃、神戸の街を散策中、古本屋にまとまって売りに出ていたジョルジュ・ビゴーの画本を購入したという。この仏人風刺画家ビゴーの画本は、後に大佛次郎が明治開化期をテーマにした作品『幻燈』に活用されたという（清水勲《大佛次郎とジョルジュ・ビゴー》「仏蘭西学研究」第三十八号）。

『パリ燃ゆ』執筆時には、東大仏文科の鈴木信太郎教授から情報をえて、大佛はパリ・コミューン期間中（一八七〇年一月〜六月）出ていたフランス新聞「ル・タン紙」を一括購入したとのことだ（荒垣秀雄との対談。朝日賞に輝いた直後の「週刊朝日」）。

現地取材旅行といい、資料収集のための潤沢な予算といい、われわれ資金の乏しい一研究者にとっては、いずれも垂涎の的ではある。

わたしの愛読するもうひとりの大作家、司馬遼太郎も資料収集のため、神田の某古書店からトラック二台分の古書を購入したとも仄聞する。

どちらも羨ましい話ではあるが、わたしは次のように考えている。要は、これら昭和の大作家は、いずれも良質の資料にかんし、誰よりも価値を知悉していて、なおかつ、その資料を難なく自家薬籠中のものとし、後世に残る作品を書く才能に恵まれていたのだ、と。

この小論では、大佛次郎とフランスとのかかわり、さらには日本とのかかわりについてふれてみたい。

『パリ燃ゆ』とルイズ・ミシェル

この長編では、冒頭でルイズ・ミシェルが登場するので、読者はこのパリ・コミューンの女闘士を中心に作品が展開されるような感じをいだいてしまうが、そうではない。この後、彼女はときどき顔をのぞかせるだけある。たとえば、後で引用する『パリ・コミューン　一女性革命家の手記』(1)(以下『手記』と略記)については、「小学女教師ルイズ・ミシェルの手記は、英京ロンドンに亡命してからフルーランスの友だったエクトール・フランスに当時の模様を聞いて書残している」と紹介される。

思想的に影響をうけたエドワール・ヴァイヤンと彼女の関係については、大佛は次のように書いている。

「コミューンの教育行政にヴァイヤンを得たのは、この重大な問題の未来を遠くまで見て、堅実な基礎を置いたものであった。宗教と切離した無償の義務教育を主張したほかに、特殊な職業教育制度の必要を考えたのも彼であった。インターナショナル支部の考え方だったことだし、女教師ルイズ・ミシェルなどが署名を集めて請願していたものである。働く者の教育と言う理想であった」。

『手記』には、モンマルトルの丘での政府軍と連盟軍との死闘が活写されているが、ここでは実戦に参加した婦人たちの主な氏名も挙がっている。

「赤旗を先頭に、女たちが通った。ブランシュ広場のバリケエドを守っている人たちで、エリザベート・ディミトリエフ、ルメル夫人、マルヴィナ・プーラン、ブランシュ・ルフェーブル、エクスコフォンなどがそこにいる。アンドレ・レオはバッティニョルのバリケエドにいる。この五月の日々に、分れて、あるいは集団で自由の為に闘った婦人たちの数は一万名以上あろう」。ルイズ・ミシェルにかんする言及や『手記』からの断片的な引用は、この辺で打ち切るが、『パリ燃ゆ』において彼女の存在が大きくクローズアップされるのは、なんと終章に近い第六部、つまり彼女がニュー・カレドニアに流刑される前後頃からなのである。

わずか七十三日間持ちこたえただけのパリ・コミューンの同志は、軍事裁判にかけられ、その大半が処刑されるという、悲惨な最期を迎えるが、遠隔地への流刑に処せられたルイズ・ミシェルの罪状等は説明されずに大佛の大作は終わる。読者の中にはこれを不満に思う人があるかもしれない。そこで彼女の『手記』や参照しえた若干の研究書[2]等を手がかりに、流刑地のニュー・カレドニアにおける彼女の動向を辿ってみたい。というのも、わたしは一九九九年、はじめてヌメアに行き、現地でのルイズ・ミシェルの足跡や流刑者たちが収容されていたという牢獄(現在では、外国人のためのフランス語研修学校CREIPACとして使用されている)を見る機会に恵まれたからである。

周知のように、ニッケルの産地として名高いニュー・カレドニアには、明治二十五(一八九二)年から大正八(一九一九)年にかけて約五千五百人もの日本人が契約移民として渡来した。[3] 原地の女性と結ばれた日本人の子孫は、いまも島に在住している。日系フランス人は「日本人会」を創設し、わたしがヌメアを訪れた際、歓迎会をひらいてくださった。名誉領事のアンドレ・N氏や日本人会長のN氏と知り合いになったが、戦後に移住されたN氏を除き、他の日系の方はどなたも日本人の顔つきをしているのに、最初のあいさつだけを日本語でされるだけで、後はお互いにフランス語で話し合う会になっていった。その印象は日本国内で日本人とフランス語で会話をする感じと似ており、わたしは、その夕べの奇妙な違和感をいまでも拭えずにいる。

とはいえ、これらの思い出はルイズ・ミシェルとニューカレドニアの関係とは別の話なので、ここで本小論の主題に戻りたい

大佛が『パリ燃ゆ』でふれなかったルイズ・ミシェルの軍事裁判での容疑を、次に具体的に列挙してみたい。[4]

(1)政府の転覆を目的としたテロ行為。
(2)内戦への誘動行為。
(3)反乱行為における明白な武器の使用と軍服の着用。
(4)詐称による私文書偽造。
(5)偽の証明書の使用。

（6）人質殺人の共謀。
（7）不法逮捕の共謀［……］

以上の取り調べ中、ルイズ・ミシェルは、容疑の列挙を平然と聞いていたが、裁判長から自己弁護のためになにか言うことがあるかと問われると「わたしは自己弁護をしたくありませんし、弁護されたくもありません。わたしは社会革命のために全身全霊を投じていますし、すべての行為の責任を受諾すると宣言します。わたしはそのすべてを無条件で受諾します」と言い切っている(5)。

こうした彼女の鉄のように固い意志には、どこか我が国伝来の武士の美学を想起させるところがあるが、ルイズ・ミシェルをはじめとするパリ・コミューン盟友たちの信条にかんして、大佛は、『パリ燃ゆ』でなく別の作品でふれている。そこでは、「自己に信条があり、それに死を賭すこともする誠実で骨のふとい男たちの多くは、コミューンに加わって、ペール・ラシェーズの墓地の白兵戦を最後の抵抗に、壁の前に立たされ刑死した。無事な人たちが、その後の政局を受けたのである」。（大佛次郎『パナマ事件』）

この箇所では「男たちの多く」とだけあって、女性は含まれていないが、ルイズ・ミシェルのような女戦士は当然この中に入るものと思われる。というのも、彼女が書き遺したものを読むと（1）自分を男性と同じように扱ってほしい（当時は、女性蔑視がヴェルサーユ政府側にも、コミューン側にもはびこっていたのを忘れてはならない）、（2）恩赦を求めたくない、との信念を貫き、彼女は生涯、筋金入りの社会改革者の姿勢をくずすことがなかったことがうかがえるからだ。そのため、わたしには、一介の小学校教師から女闘士への道を選んだルイズがパリ・コミューンを生き延びた、選良の一人と看做すことができるように思われるからだ。

このように、従容として死につこうとするルイズ・ミシェルの態度に業をにやした裁判長は、「その調子で続けるなら、最早、発言を禁じる」と威嚇した。ルイズは答えた。「終りました。あなた方が卑怯者でなかったら、どうぞ、私を殺してください」。ヴィクトール・ユゴーが、この日のルイズ・ミシェルを賞賛した長い詩を書いた」。『パリ燃ゆ』第六部「裁く者」の章より。

前述したように、パリ・コミューンにおいて教育行政を担当したのは、理学博士にして、医師であり、ハイデルベルクで哲学をも修めたエドワール・ヴァイヤンだった。小学校教師の経験を持つルイズ・ミシェルは、ヴァイヤンとともに、フランスではかなり遅れて公教育において実現の運びとなる宗教と切り離した義務教育(いわゆる「政教分離」)をはやくも唱えていた。

流刑地先でもルイズ・ミシェルは男女平等を当局側に訴え、その主張を貫いた。「つねに女を別扱いにしようとする愚かな風習にしたがって、彼らは私たち女性だけをブーライユ島に送ると言いだした。その方が条件がいいというのだ。しかし私たちは、それだからこそいっそう断固として反対した。そして私たちの主張は聞き入れられた(5)」。

リサガレーは、アレイロン臨時総督による労働の実験台された徒刑囚五七名の内に四名の女性がいて、彼女らの態度は次のようだったという。

「彼女たちは分けへだてのない権利を要求して、男と同一の過酷な仕打ちを引きうけたのであった。ルイズ・ミシェル、ル・メル［Le Mel とも Lemel とも表記されるが、どちらが正しいのか未詳］ら要塞流刑を宣告された女囚たちは、もし自分たち女囚を他の流刑囚から分けようとするなら自殺する、とはっきり断言した[6]」。

さらに、ルイズ・ミシェルの態度で際立ったものは、一八七八年、植民者（フランス人統治者）にたいして島の未開人カナカ族が蜂起したが、かなり前からこの先住民の習俗や言葉に関心をもち、彼らの生活に馴染んでいた彼女はこの先住民の側に与したことだった[7]。彼女は『手記』で次のように述べている。

「流刑囚たちはカナカ人の味方をする者とそうでない者と二派にわかれた。私は絶対に彼らの味方だった[8]」。

「カナカ人の反乱は血の海のなかで鎮圧され、反乱に加わった部族は、大量に殺されたので今や絶滅にちかい状態にある。そのために、植民地がそれだけ繁栄することもないのだ[9]」。

このように流刑地のニューカレドニアでも、ルイズ・ミシェルは、権力に圧迫される者側の味方にたち、カナカ族への支援を惜しまなかったが、フランスから四カ月かかるニュー・カレドニアへの航海中、もう一人の女性流刑者ナタリ・ルメル Nathalie Lemel と会話を交わす中で、彼女に自分の考えを、次のように告白している。

「どんな人間でも権力の座につけば、もし彼が弱くて利己的な人間であれば、罪を犯さずにはいられないし、また献身的で精力的な人間であれば、かならず滅されるにちがいない、という考えである。ルメル夫人は、『私も同じことを考えていました』と答えた。私は彼女の判断力の正しさを大いに信用していたので、その彼女に自分の考えを認めてもらえてたいへんうれしかった[10]」。

このようにして、彼女にとって、ニューカレドニア体験は、どんな人間でも権力の座につけば、かならずそれには抵抗勢力が出現し、権力闘争が繰り返されるという不可避な構図を把握する絶好の機会だった。そして、(ロシア革命後の政権を含む)どの政体にも満足のいくものはないとの認識に達し、彼女は次第に無政府主義者に傾斜していったのだった。

おわりに

ところで、大佛次郎がフランスに題材を求め、『ドレフュス事件』を発表したのは、昭和五(一九三〇)年のことだった。日本では一九二三年の関東大震災のさなかに、甘粕大尉(当時の階級)ほかによる大杉栄、伊藤野枝、その連れ子、橘宗一の斬殺事件がおこった。満州事変は一年後の昭和六年(一九三一)のことである。

大佛自らもこの作品の「あとがき」で「この昭和五年前後には、日本の軍部が政治干渉のきざしを早くも示し始めていた。国家に於ける軍の地位を、日本のように統帥権に依って「国家内の国家として」それだけ独立を許している国では、事情を充分に理解して警める必要があった」と述べて、その執筆動機を明らかにしている。

遠く離れたフランスでおこったパリ・コミューンのなんたるかを理解していた日本人は、当時はそれほど多くはなかったにちがいないが、わが国ではルイズ・ミシェルのような無政府主義者とレッテルをはられた大杉栄は、軍部からも、一般大衆からも「主義者」とか、「あか」とかの蔑称で呼ばれた上、蛇蝎のごとく嫌われたのだった。

ノンフィクション作品『ドレフュス事件』で大佛が問題にしたのは、フランスの軍部の「無謬性」という思想であった。

ところで「ドレフュス事件」で見落としてはならない別の視点は、フランスにおけるユダヤ問題である。フランス陸軍砲兵大尉のアルフレッド・ドレフュスがスパイ容疑で長らく拘留されたのは彼がユダヤ人だったからだ。フランスの歴史をひもとくと、国家が落ち目にあえぐような時に、無政府主義者(後には共産党員)、ユダヤ人等が差別されてきた感がつよい。

ドレフュス事件も普仏戦争でフランスがプロシャに敗れ、賠償金問題等で苦しんでいた一八九四年におきた。

さらには、第二次大戦でフランスがナチス・ドイツに降伏し、ペタン元帥のヴィシー政権下でもユダヤ人にたいする風当たりがつよまった。当時のパリでのユダヤ人迫害に立ち会った画家の関口俊吾はパスカル研究の世界的権威ブランシュヴィック教授の姿がソルボンヌの教壇から消え、「ユダヤ人」は学生証に赤い判「ジューフィ」を捺されたばかりでなく、毎朝警察に出頭を命じられたという。[11] この時は、ヒトラーの尻馬に乗るようにして、ユダヤ人、共産党員、フリーメイソンが弾圧された。いずれも矢面に立たされたのは少数派であるのが共通点であった。

わが国でも、大佛のようなインテリ作家が一部の軍部のはねあがりを直接弾劾するとすればまさに自殺行為に等しかったことであろう。そこで「鞍馬天狗」の仮面のもとに、フランスでの「できごと」に取材した作品(『ドレフュス事件』にしろ、『ブウランジェ将軍の悲劇』にしろ、これら二作品は、その実、日本の旧軍部や左翼思想の取り締まりにたいする痛烈な弾劾の書なのだ)をノンフィクションと称し発表して、大佛は、無事に戦中を潜り抜けたのだった。そのため、自らの信念を貫徹し、パリ・コミューンを闘い抜き、流刑地での過酷な五年間にも耐えた女性闘士ルイズ・ミシェルの生きざまにたいする著者の思い入れに、格別な共感を覚えるのはわたしだけであろうか。

注

[注記のない限り、『パリ燃ゆ』を含めた大佛次郎の作品からの引用はすべて『ノンフィクション全集』(全五巻、朝日新聞社、一九七一年)による]。

(1)Louise Michel, *La Commune.* (Librairie P. V. Stock, 1921) ルイーズ・ミシェル著、天羽均、西川長夫訳『パリ・コミューン 一女性革命家の手記』(上・下、人文書院、一九七二年)。

(2)小林忠雄『ニュー・カレドニア島の日本人 契約移民の歴史』(ヌメア友の会、一九七七年)

(3)ジョルジュ・ブルジャン書、上村正訳『パリ・コミューン』(白水社、一九六一年)、柴田三千雄『パリ・コミューン』(中公新書、一九七三年)、Prosper-Olivier Lissagaray, *Histoire de la Commune de 1871.* (Ed. La Découverte, 1990). リサガレー著、喜安朗、長部重雄訳『パリ・コミューン 一八七一年パリ・コミューンの歴史』(上・下、現代思潮社、一九六八年)ほかを参照した。

(4) Edith Thomas, *Louise Michel ou La Velléda de l'Anarchie.* (Gallimard,1971) p.134.
(5) Ibid.
(6) 天羽・西川、前掲邦訳、下巻、二〇四頁。
(7) 喜安・長部前掲訳。下巻、二二九頁。
(8) 大佛は『パリ燃ゆ』の中で、ルイズ・ミシェルとカナカ族との交流を物語る次のような逸話を引用しているが、この部分は『手記』にはなく、Arnould Galopin 編、*Louise Michel en Nouvelle-Calédonie / Souvenirs et aventures de ma vie. Roman (feuilleton) retrouvé.* (Maiade, 2010). p.152. の中に見いだせるものである。現在は、新聞連載記事を一冊にまとめたかたちで逸話も読めるが、当時、おそらく著者は新聞から訳出したようだ。もしそうだとしたら、驚くべき資料渉猟というべきであろう。「『フランスには、善い人たちと悪い人間とがいるのです。悪人は民衆を圧迫する人たちで、民衆は金持どもを養う為に働くのです。私は多勢の友だちといっしょに、権力をつかんでいる悪党どもを倒そうと考えたのです』『では、お前さんはいいひとなのだね。不幸な者を助けて力になってやったのだから』未開人にも意味がわかったのだ。私は、それからパリを血で染めたいくさの、さまざまの局面を、出来るだけ簡単に彼らに説明してやった。すると、私の果した役割を彼らはたやすく理解してくれた。『お前はおれたちのように戦士なのだな』と、尊長は言った」。なお、近着の研究書、Joël Dauphiné, *La Déportation de Louise Michel.* (Les Indes Savants, 2006. p.108) によれば、大佛次郎がルイズ・ミシェル作として引用した前掲ガロパン編『わが生涯の回想と出来事』は彼女自身が筆者ではなく、編者アルヌルド・ガロパンを執筆者とみなしているようだ。
(9) Louise Michel, *op. cit.*, p.385. 後者の引用(下巻、二三三頁)は邦訳を部分的に変更した。
(10) 下巻、二〇三頁。
(11) 関口俊吾『変貌する欧州』皇国青年教育協会、一九四二年、三一～三二頁。
(補注) 本稿末尾でふれるように、関東大震災(一九二三年)のさなかに無政府主義者・大杉栄が斬殺されるが、ルイズ・ミシェルや大逆事件の幸徳秋水らの無政府主義《アナーキズム》の思想は決してわかりやすいとはいえない。大杉栄が手掛けたファーブル『昆虫記』の翻訳を引き継いだのは、もう一人のアナーキスト椎名其二(一八八七～一九六二)だった。その評伝を書いた蜷川譲氏は、アナーキズムは「究極の自由主義」と解するとよいと書いている(詳しくは蜷川譲『パリに死す　評伝椎名其二』藤原書店、一九九六年を参照)。

第五章　ゾラ『壊滅』と大佛次郎『パリ燃ゆ』をめぐって

わたしが両作品に関心をもつのは三つの観点からである。

(1)ゾラ『壊滅』(一八九二年)と大佛次郎『パリ燃ゆ』(一九六四年)との関連

『仏蘭西学研究』第三十八号(二〇一二年)に「パリ・コミューン、ルイズ・ミシェル、大佛次郎」と題した拙論で、大佛次郎(一八九七〜一九七三)〔以下、大佛と略記〕の『パリ燃ゆ』について管見を発表したが、その際、ゾラ(一八四〇〜一九〇二)の大作『壊滅』の再読を果たせないまま、拙論をまとめたことが長らく気になっていた。

というのも古い話になるが、『パリ燃ゆ』完成後、荒垣秀雄との対談(1)において、荒垣の質問「いままで外国作家でパリ・コミューンを書いたのは、そうとうあるんですか」に対して、大佛は「多いんです。ゾラの「壊滅」って小説の後半がそれです。ポール・ブールジェも書いてます。いちばん新しいのはジャン・カスーという人の『パリの虐殺』ですね」と答えていたからである。

戦前の大佛は、『ドレフュス事件』の作者としてフランス通で知られていたばかりか、この作品執筆にあたり、広くフランス語の原資料を渉猟して書かれたのは明白であるし、いまでこそゾラ『壊滅』の完訳は日本語でも読めるが、大佛は文豪ゾラをフランス語原文で読んでいたであろう。これに続く同じ著者による『ブウランジェ将軍の悲劇』についても、『パナマ事件』についても同様である。ただ、前述の大佛の発言は、正確とはいえない。ゾラがこの長編小説でパリ・コミューンに触れているのは広義では「『壊滅』の後半」ともいえようが、実際は作品の大半は普仏戦争の戦場叙述にあてられており、パリ・コミューンに言及のあるのは、わずかに第三部最終の二章にすぎないからである。いずれにせよ、『パリ燃ゆ』執筆中、ゾラの『壊滅』が大佛の頭にあったのは確かであろう。

ところが、ゾラ『壊滅』全訳[2]（論創社、二〇〇五年）の「訳者あとがき」で完訳者小田光雄氏は、大佛次郎『パリ燃ゆ』にまったくふれておられない。筆者は、ゾラの長編小説に併称される、日本人の手になる大佛の名作が存在するにもかかわらず、訳者が一言もふれないのは納得がいかない。

（2）近代戦争のはじまりとしての普仏戦争

いろいろな見方があるので世界史上でどの戦争を指して最初の近代戦争と確定するのはなかなか容易ではない。戦闘員（兵士）だけではなく非戦闘員（市民）をもまき込んだ戦争という意味で、第一次世界大戦こそ初の近代戦争とみなす研究者もいるが[3]、ゾラの描く普仏戦争でも、非戦闘員が市街戦や局地戦にまきこまれるケースがでてくる。したがって、近代戦争は普仏戦争からはじまる、といえるではないか——筆者はそのように見ている。

(3)日本陸軍創設とプロシャの台頭

幕末・開国期のわが国では、大村益次郎(一八二四〜六九)主導の下にフランス陸軍をモデルにして、近代日本陸軍を創設しようとしていた。そのため、初めは徳川幕府、次いで明治新政府は、フランスから合計三度にわたり軍事顧問団を招聘したが、この構想が崩れたのは、ヨーロッパで最強の陸軍と目されていたフランスが普仏戦争でプロシャ[プロイセン]に敗れたのも一因であった。

フランス・モデルからプロシャ・モデルへの変更には別の要因もあった。すなわち、現地で視察した日本人は、フランス陸軍にただよう自由な空気(兵隊の政治発言等)を忌避し、山縣有朋(一八三八〜一九二二)らは、やがてプロシャ陸軍に漲る一糸乱れぬ厳格な軍規に傾斜したからであった。

『壊滅』に垣間見るパリ・コミューン

大佛は、自作『パリ燃ゆ』の文学ジャンルについて尋ねられ、「小説」でなく、「散文で書いた叙事詩」と述べている(前掲対談を参照)。これに対して、ゾラ『壊滅』は小説であるから、その点を承知の上で、以下、小説で言及されるパリ・コミューンにふれてみたい。

具体的にいえば、ゾラ作品では著名な歴史上の実在人物（ナポレオン三世、バゼーヌ、マク＝マオン両元帥、ティエール首相、ジュール・ファーヴル外相等）を除き、大半の登場人物は架空の人物である。つまり、この小説は、戦場で知り合い、親交を深めていくジャン・マカール（ルゴン＝マカール叢書第十五巻『大地』に登場する）とモーリス・ルヴァスールも架空の人物で、この作品は二人の戦友同士の物語とみなすこともできるのだ。

他方、大佛『パリ燃ゆ』で登場するのはすべて実在の人物であるのはいうまでもないが、前掲拙論においてその登場人物について、不十分ながらふれたので、本稿では再説しない(4)。

ところで、パリ・コミューンをめぐっては、ゾラの登場人物、二人の立場が真っ向から対立し、モーリスは「勝ち目はないとしても、国が存続するためにはパリは防衛しなければならない」（第三部第七章）とあくまで共和国を救うコミューン連盟側に与するに対し、「農民時代からいつも共和制を恐れるように仕向けられていたのだ」（第三部第四章）と回想する農村出のジャンの方はヴェルサイユ政府側の陣営につく。パリ市街戦におけるバリケード攻防戦でモーリスは、不意にジャンの銃剣に突かれ、重傷を負った結果、やがて落命する。

ここで、ジャンルは異なるとはいえ、ゾラの小説と大佛のノン・フィクションに共通するパリ・コミューン内部にかんする二人の視点を指摘してみたい。たとえば、ゾラが鋭く糾弾するコミューンの実態は、大佛の視点と通底するからだ。ゾラは登場人物モーリスの口を借り、その内幕を次のように語らさせている。

「彼［モーリス］は人間たちに絶望し、コミューンは無力で、あまりにも相反する要因によってわずらわされ、そのために危険が迫るにつれて、正常でなくなり、矛盾と欠点だらけだと感じていた。コミューンが公約したすべての社会改革の中で、実現したものはひとつもなかったし、さらに、何の持続性のある改革も残せないということも確実だった。だが何よりもコミューンの大きな不幸は内部抗争による分裂であり、それぞれのメンバーが疑心暗鬼の中に生きていた。すでに多くの者、穏健派、不安な者たちは集会にも出席しなくなった。他の者たちは現実の出来事という鞭の下で動き、革命議会の様々なグループが祖国を救うために努力している時にも、独裁政治の可能性を見ているように震えていた」。（第三部第七章）

『壊滅』に描かれた近代戦争としての普仏戦争

普仏戦争は、フランスの東北部（アルザス＝ロレーヌ）を戦場として、プロシャ軍（プロイセン）とフランス軍の間に展開された。ベルギーに近い局地戦での敗退を重ねたフランス軍は、最後にティエールを首班とする臨時政府はヴェルサーユに退却するけれども、パリ市民の一部は、プロシャのビスマルクらの提案した講和条件を拒否し、市民自らが立ち上げた自治政府を樹立しようとした。これがパリ・コミューンである。

さて、この戦争の発端は、従来、ナポレオン三世（一八〇八～七三）が権謀術数のビスマルク（一八一五～九八）がしかけた罠にはまったからだといわれてきた。ゾラは小説のはじめの方で、

「ドイツ皇太子のスペイン王位立候補問題が発端であり、［……］誰一人として正しい見解を持っていないようだった。もはやどちらが挑発したかわからないが、ある一定の時期に至って、一方の国民を他方の国民に向かってたたきつけた運命の法則は確固とした厳然たる不可解な事実となった」（第一部第一章）ときわめてあいまいに書いている。小説だからこれはこれとして、作者は、その罠までには言及していない。

ビスマルクの浩瀚な伝記を刊行したジョナサン・スタインバーグによれば、［ヴィルヘルム］国王は「ある副官を通じて［フランス］大使に、ベネディティが既にパリから受け取っていた内容を確認する報告を［カール・アントン］侯から今受け取ったが、大使に言うことはこれ以上何もない、とお伝えになった」と書いた平板な内容を、ビスマルクが改竄して「もっと攻撃的な印象を与えるように」したとされる。具体的にしめせば、改竄で次のようになったという。

「そこで直ちに国王陛下は、フランス大使と改めてお会いになることを拒まれ、当直の副官を通じて大使に、これ以上話すことは何もないとお伝えになった」(5)。

そして、これを見て、激怒したナポレオン三世は、一八七〇年七月十九日、プロシャに対し宣戦布告した、とされる。

紙幅の関係で、ここではビスマルクとナポレオン三世との関係に立ち入らないが、なお詳述はスタインバーグの伝記の筆者による書評をかねる、本稿末の注5も見られたい。

最後に、ゾラの小説でも、プロシャ軍に降伏したフランス人捕虜がムーズ河上のイージュ半島

(フランス人捕虜集団の中に、モーリスとジャンも含まれる)の一カ所に集められ(第三部第二章)、その後、ドイツに向け移送されるという記述があるが、ゾラはその後のフランス捕虜たちのプロシャ側の扱いにはふれていない。

ビスマルクは市民の一部によるパリ・コミューンの宣言がパリを震源地とする「叛乱の毒素」、つまり、フランス革命(一七八九年)の亡霊とみなしたという。パリ・コミューンに対するビスマルクの恐怖は、ヴェルサーユに陣取るティエール政府のそれと奇しくも一致する。ゾラが書いていないこの部分を大佛次郎は、『パリ燃ゆ』の中で、このように描写している。

「これまでもパリに起った革命が、一度ならず、その後も繰返して近隣の国々に革命的波動を送って動揺を生んだ。現にパリは、諸国の共和主義革命運動の亡命者を迎え入れて、叛乱のプールとなっている。政治的亡命者が安全で生活出来る場所である。フランスがここで赤化し、人民政府を樹てるような事態に入る。怖るべき革命伝染病の病巣となり、亡命者を活発に働かせ、容易に叛乱の毒素を国々に伝えるのである。ビスマルクの読みは深く深いものであった。十月三十一日のパリの一事件が一夜で制圧されたとしても、将来が考えられた。それまでしてパリの民衆が休戦反対の意志を示しただけでも無視出来ぬことである。『これはいけない』と、彼は言った[6]」。(しかしながら、この部分をどの資料によって大佛が書いたのかは、スタインバーグの伝記を読んでも確認できなかった。その結果、残念ながら出典は未詳である。)

このように、ヨーロッパ諸国へのこの危険な病根の伝播を食い止めようとやっきになっていたビスマルクは、反パリ・コミューンのヴェルサーユ政府のティエールや外相ジュール・ファーヴルの要請に積極的に協力することになる。すなわち、彼らはビスマルクから特別許可をうけ、普仏戦争中、プロシア軍の捕虜となっていたフランス兵十七万人をパリ・コミューン軍の撲滅のため、ヴェルサーユ軍に合流させたのだった。大半が志願兵から構成されていたコミューン連盟軍に対して、実戦の経験をつむ十七万のフランス兵がヴェルサーユ側に加わったのだから、戦闘はヴェルサーユ側が俄然優勢となったのはいうまでもなかった。

かくして、ゾラ『壊滅』の最終章（第四部第八章）は、わずか七十三日（柴田三千雄氏による）だけ持ちこたえたパリ・コミューンの終焉を告げるとともに、一旦、「パリは燃えた」後に、再生するという希望を暗示することによって、この大作は終わるである。

日本陸軍創設とプロシャの台頭（フランス人気質とドイツの国民性）

周知ように、明治新政府は、岩倉具視を団長とする欧米視察使節団を派遣する（明治四年＝一八七一年）が、フランス側との会見で団長岩倉具視は次のように述べたと雑誌『両世界評論』が報じている。

「ミカドの外務大臣（岩倉具視）は、［ドイツとの敗北後］、われわれは戦争がフランスに課した不幸を存じておりますが、このことはフランス陸軍の長所にかんするわれわれの見解をなんら変更するものではありません。仏陸軍は数に勝る敵軍にたいしてあれほどの勇気をしめされたのですから、と語った」[7]。

この報道が伝えるように、明治政府は、普仏戦争でフランスが敗れたからといって、すぐさま軍制をフランス・モデルからドイツ・モデルへの変更を急いだわけではなかった。その後、日本人による欧米視察は途切れることなく続く過程で、フランスの国民性が徐々に明白になってきたにちがいない。

ゾラは、生っ粋のフランス人作家だけあって、『壊滅』でも普仏戦争にかんする自国民の感情をあますところなく、えがいている。以下、小説の中から、彼らのあまりにも自由すぎる発言をいくつかを拾ってみよう。

曰く、「わからないのか？　おい、大将！　これはきわめて単純なことさ！　バダンゲ（皇帝ナポレオン三世の仇名）とビスマルクの二人の喧嘩であり、あいつらだけで勝手に喧嘩すればいいんだ。お互いに何も見ず知らずの戦争なんかしたくない何十万という人間を巻きこむ必要はないじゃないか」。（第一部第二章）

曰く、「バゼーヌ【元帥】ですって？　彼は皇帝［ナポレオン三世］が好き勝手にさせてくれるので、すっかり満足しているとの噂です」。（第一部第三章）

曰く、「戦争をしたのはフランスではなく、帝政なんだ……ああ、皇帝［ナポレオン三世］が我々を裏切ったのだ！　すべてが共に終わり、どちらといえば、我々は分裂したままになっている……

そうだ！　たった一人だけ七月に予見していた男がいる。確かに自由主義者のティエール氏だ！　彼が全ヨーロッパの首都を回った旅は今でも英知と愛国心の大成果だ。物のわかった人間は全員が彼に希望をつないでいる。どうか彼が成功しますように！」。（第三部第六章）

このように、フランスではめいめいが独自の意見をもつともいわれ、皇帝はおろか、戦場の元帥についても、はたまた時の首相についても口さがない連中が無数いるのだ。

ところが、プロシャ人の気質がフランス人とは異なることに日本人が気付くのに時間はかからなかったようだ。その一人に駐独代理公使、のちに駐独公使になる青木周蔵（一八四四〜一九一四）がいた。

大のフランス嫌いで、極端なドイツ贔屓にはしる青木の証言を額面どおりに鵜呑みするわけにいかないけれども、たとえば、彼は次のように述べている。

「服装は粗朴なれど躯幹長大の兵士が軍容堂々一歩毎に地盤を動かすが如き力ある歩調を以て進行し、恰も鬼群の運動を見るが如きなりき」。

青木周蔵の伝記を書いた水沢周によると、彼らからうけた鮮烈な印象をマルセーユで目にしたフランス軍の練兵と比較し、青木は、このように語っている、という。

「フランス軍はとてもプロシャ軍の精強には敵しがたいとの信念を持つに至った。プロシャ軍の服装は、ほとんど黒に近いような紺ひと色で、フランス軍のように人目を奪う華やかさは、まるでない。［……］将校は、劇場でだろうがレストランでだろうが、片時もサーベルを体から離さない。それだけでもフランス将校とおおちがいだが、そのサーベルも、はるかに太々として実戦向きのように思えた。第一あまりお喋りをしない［傍点は引用者］。なんとなく深沈たる態度を常に持しており、その点、日本の武士と似ているように感じられた。浮わついたところこそないが、意気はすこぶる軒昂としており、挙措動作のひとつひとつに折り目がある。兵士に対しても市民に対しても、一段も二段も高いところから物を言うような雰囲気がただよっていた(8)」。

フランス軍人と比べて、プロシャ兵が一糸乱れぬ行動をとることは、ゾラ自身も『壊滅』において、再三指摘していることでもある。彼は「［……］ドイツ軍は機械的正確さ、判断の正しさでひたすらその目的を達成しようとするだろう」（第二部第二章）と軍規をまもるドイツ軍をほめあげながら、「最初の失敗を受けて、たちまち軍隊を何の紐帯もない一団にしてしまったこの不規律と兵士の反抗的態度は、士気を挫き、まったくの破局に一目散に向かっている」（第一部第一章）と書き、フランス軍をこきおろした。ゾラの『壊滅』に見られる、このような反愛国主義ともとれる思想をめぐっては、作家の死後、一九〇八年、遺灰をパンテオンに移す際にもフランス議会でも議題になったといわれる(9)。

他方、わが新生陸軍に目を転じると、山縣有朋らの陸軍関係者は、西南戦争後、過重な兵役制度や西南戦争の論功行賞をめぐり、近衛兵部隊でおこした「竹橋事件」（一八七八年＝明治十一年）に直面した。その結果、同年、軍人訓誡を起草し、以後、フランスの兵舎に見られるような軍人の自由な発言を厳禁したが、この点については、仏文拙論でふれたので、再説しない[10]。

そして、一八八八(明治二十一)年には、「国軍の父」の異名を持つ山縣も自らヨーロッパ各地へ視察旅行に出発した。青木周蔵、山縣有朋らの反フランス主義は、軍事だけの問題ではなく、明治帝の位置づけに苦慮した明治日本の為政者とっては、政治的の難問(憲法)に深くかかわる問題でもあったからだ。というのもフランス流の共和政制度では君主(天皇)の位置づけに困難をきたすからである。

そのため、最終的には、カイザーを頂点にいだくプロシャ憲法を熱心に研究した伊藤博文(一八四一～一九〇九)らが、ウィーンの憲法学者ローレンツ・フォン・シュタインを訪ね、一八八九(明治二十二)年にいたって大日本帝国憲法の問題に決着をつけたといわれる。

このようして、軍制のモデルをフランス式からドイツ式に変更した前後から、わが国は、あらゆる分野でドイツの影響を色濃くうける国になっていった。

おわりに

先に普仏戦争は近代戦争のはじまりではなかったのか、と筆者は自説を述べ、戦闘員(軍人)と非戦闘員(市民)との区別がなくなったことをその根拠のひとつに挙げたが、小説『壊滅』でも、登場人物のひとり、アンリエット(モーリスの双子の姉)の夫ヴァイスがバイエルン兵との市街戦に参加するのは、からだの不自由な子供、オーギュストの面倒をみていた無辜の一主婦フランソワーズ・

キタール(石工の未亡人)が被弾し、即死したのを見てからだった(第二部第一章)。

戦争が勃発しなければ、結婚するはずだったオノレの戦死を遺体を見るまでは信じる気になれないシルヴィーヌは、戦友(プロスペル)の案内で、戦地でその死を確認しにいく、痛ましい場面が描かれる(第三部第一章)。

その後の戦争では信じがたい話ではあるが、普仏戦争では、同じく戦死した印象派の画家フデリック・バジール(一八四一~七〇)の遺骸を父親が戦場から引き取りいった、という[11]。

とはいえ、『壊滅』のある箇所で、ゾラはモーリスに「戦争は必要であり、戦争こそが生命そのもの、世界の法則である」(第二部第一章)と主張させていることが注目をひく。

コミューン連盟軍の放火により、パリが火の海につつまれ、廃墟と化していくのを目の当たりにして嘆く姉アンリエットに対しても、モーリスは独自の持論をこのように展開する。

「いや、そうではない。戦争を呪ってはいけない……戦争は善であり、その役目があるのだ……」

ジャンに対しても同じだ。

「ああ、僕に対して戦争は何をしたのだろうか? でも戦争は次々と起きるだろう! おそらく戦争は必要であり、流血が求められている。戦争、それはまさに死を必然とする生命なんだ」。(第三部第六章)

ポケット版『壊滅』に「序文」を寄せたロジェ・リポリによれば、この作品には、当時の進化論の影響も見られ、そのように書かれているという。

ジャンによるモーリス殺害によって、ゾラはパリ・コミューン鎮圧、必然的流血、フランスの悪い部分の抹殺を象徴しようとしたとし、戦争は悪化したものや弱ったものはすべて除去するという思想に基づいているとしている。[12]

リポリの見解に異論もあるだろうが、われわれ後世に生きる人間にとっては、大量破壊兵器（核兵器、化学兵器など）による夥しい数の犠牲者をだした二十世紀の戦争の惨禍にゾラが立ち会っていたとしたら、決してこのような発想をしなかっただろう、と思いたい。

最後に、わが国では、プロシャ軍制の顰にならい、言論の自由を一切軍人に封じた帝国陸軍軍部が明治以後、日本国民をどのような道へと導いていったかに思いをはせるとき、ゾラの描いたようなフランス軍人の自由な言動が反面教師のよすがなっていれば、歴史は大きくかわっていたちがいないと思うのである。

注

（1）「週刊朝日」掲載の「時の素顔80」昭和四十（一九六五）年一月十五日号を参照されたい。

（2）筆者が、ゾラ『壊滅』を原書 Emile Zola, *La Débacle*. Préface, notes et dossier par Roger Ripoli. Les Classiques de poche, 2003 で読了したのは、十数年の昔のことであるが今回、日本語の全訳があるので以下、引用はすべてそれによる。

（3）朝日新聞（朝刊）二〇一四年八月十二日付。「独仏の和解の歩み」において、「第一次大戦で、戦闘員と市民の区別がなくなり、戦争は未曽有の殺し合いへと堕落した。ところが、大戦後のベルサイユ条約は大失敗で、世界はさらに不安定化し、より巨大な第二次大戦を招いた」というジェイ・ウインター米エール大教授の指摘を紹介している。

（4）市川「パリ・コミューン、ルイズ・ミシェル、大佛次郎」「仏蘭西学研究」第三十九号、二〇一二年。

（5）ジョナサン・スタインバーグ著、小原淳訳『ビスマルク』（上・下、白水社、二〇一三年）下巻、六〇～六一頁。この翻訳が刊行された時、筆者は原書でゾラの『壊滅』を再読していた最中でもあったので、ビスマルクと普仏戦争の観点から注目した。というのも、プロシャ(プロイセン)の鉄血宰相とナポレオン三世に関係する箇所に興味があったからだ。両者の関係でとくにおもしろいのは、スタインバーグが第七章末尾や第九章(下巻)で再三力説するように、政治家としてのビスマルクの手腕が最大に発揮された二つの業績だ。一八七〇年にナポレオン帝国の破壊を実現したこと。ヨーロッパの地図とドイツの歴史を四年間で書き換えたこと(下巻)。ごく単純化していえば、スタインバーグのいうビスマルクの功績とは、普仏戦争での勝利とプロシャ帝国の創建になるであろう。ヨーロッパにおけるプロシャ(プロイセン)小王国を大国に押し上げる上で、ビスマルクはナポレオン三世の利用価値を踏み台に使ったことを著者は指摘する(上巻)。このため、ナポレオン三世と一戦を交える機会を前々から狙っていた背景も浮き彫りにされる。その好機は、想定外の国から到来した。それはプロイセンとは直接関係のない「ホーエンツォレン家のスペイン王位継承問題」だった(下巻)。こうして、ビスマルクの仕掛けた罠にまんまとかかったナポレオン三世は、一八七〇年七月十九日、プロイセンにたいし宣戦布告したのだ。以上は、戦端を開くきっかけの口実にすぎないが、実はプロシャ側は、フランスとの対戦に備え、着々と戦闘準備を整えていた史実が明らかにされていく。以下、プロシャ側の周到な準備事項を具体的に指摘するが、これにたいして、ゾラの小説でも明らかなように戦闘準備不足のフランス軍は好対照となる。まず、一八二〇年代にプロイセン陸軍の参謀本部が独立すると、早くも同国の地形図調査・作成のプロジェクトを発足させた(上巻)。次に、ビスマルクやプロイセン陸軍参謀は、ナポレオン三世のメキシコ干渉戦争に深入りし、国家財政の逼迫を招いただけではなく、フランス陸軍がかなりの兵力を失ったと見た(上巻)。第三に、一八七〇年初頭には、鉄道網を利用する兵力の輸送力は、一八六七年に比して三倍になった(下巻)ことも指摘される。なお、一八六五年十月には、ビスマルクは、ビアリッツで休暇中のナポレオン三世を訪ね、面談しているが、両者がどのような会話を交わしたのかは未詳だ(上巻)とされる。最後に、朝日新聞の書評(二〇一三年十一月十七日付朝刊)では当時、頂点にカイザーをいだく「半絶対君主制」のプロイセン(小ドイツ)を大国に押し上げた天才政治家として、後のアドルフ・ヒトラーと併称されていたが、この書評もビスマルクと普仏戦争に一言もふれるところがなく、筆者には納得いくものではなかった。

(6)大佛次郎『パリ燃ゆ』からの引用は『ノンフィクション全集』(朝日新聞社、一九七一年)による。
(7)*Revue des Deux Mondes*. Mars-Avril, 1873. p.479.
(8)水沢周『青木周蔵　日本をプロシャにしたかった男』(上・中・下、中公文庫、一九九七年)上巻、三一五〜三一六頁。
(9)Voir Wikipédia〈*La Débâcle*〉.

(10) Voir aussi Shin-ichi ICHIKAWA, 〈Les premieres missionnes francaises vues parles Japonais de l'epoque de Meiji.〉 paru dans *Revue Historique des Armees*. Melanges. No.224. Septembre 2001. Trimestriel. pp.63-64.
(11) 吉川節子『印象派の誕生』(中公新書、二〇一〇年)三四頁。
(12) Emile Zola, *La Débacle*. Préface par Roger Ripoli.pp.18-19.

[付記▼この小論には、二〇一二年に発表した拙稿「岩倉具視使節団とフランス　明治の日本人に見えなかったもの」特定非営利活動法人、米欧亜回覧の会、編・著『小論集　岩倉使節団と米欧回覧実記』と一部重なるところがある。]

(参考文献)

福島行一『大佛次郎』(上・下巻、草思社、一九九五年)。

澤地久枝『火はわが胸中にあり　忘れられた近衛兵士の叛乱　竹橋事件』(岩波現代文庫、二〇〇八年)。

篠原宏『陸軍創設史―フランス軍事顧問団の影』(リブロポート、一九八三年)。

H・ルフェーヴル著、河野健二、柴田朝子、西川長夫訳『パリ・コミューン』(上・下、岩波文庫、二〇一一年)。

Patrice Gueniffey,〈La política extranjera de Napoleon III〉*ISTOR / Revista de Historia Internacinal*. No.51, inviermo de 2012. pp.211-217.

第六章　大佛次郎『天皇の世紀』とフランス——かくれたテーマを求めて

大佛次郎は終わらない

昭和時代を代表する作家のひとりだった大佛次郎については、朝日新聞社がその業績を顕彰して、毎年、大佛次郎賞を公募し、年末にこの賞に輝いた受賞者を発表しているし、作家ゆかりの地、横浜には大佛次郎記念館もたてられている。

絶筆となった『天皇の世紀』はテレビ映画化され、全編が十三話にまとめられた映画（朝日放送制作）は、いまではＤＶＤ版でも見ることができる。わたしは、大作が映画化されたこと自体、うかつにも長い間、知らずにいたのである。

ごく最近になり、テレビ映画『天皇の世紀』全体を見る機会に恵まれたので、まずその印象を記してみたい。このテレビ映画の特色は、ひとりの映画監督が全編を製作したのではなく、いまも日本映画史にその名を留める錚々たる十三名の監督がいわば、競作するようなかたちで制作した点にあるであろう。

因みにテレビ映画『天皇の世紀』全十三話のタイトルと監督名等(全編を通じてナレーターは滝沢修)を参考までに記しておく。

第一話　黒船渡来　監督山本薩夫　脚本武田敦(一九七一年九月四日放送)。
第二話　野火　監督下村堯二　脚本石堂淑朗(一九七一年九月十一日放送)。
第三話　先覚　監督高橋繁男　脚本本田英郎(一九七一年九月十八日放送)。
第四話　地熱　監督今井正　脚本本田英郎(一九七一年九月二十五日放送)。
第五話　大獄　監督今井正　脚本本田英郎(一九七一年十月二日放送)。
第六話　異国　監督高橋繁男　脚本岩間芳樹(一九七一年十月九日放送)。
第七話　黒い風　監督蔵原惟繕　脚本石堂淑朗(一九七一年十月十六日放送)。
第八話　降嫁　監督三輪彰　脚本岩間芳樹(一九七一年十月二十三日放送)。
第九話　異国　監督三隅研次　脚本早坂暁(一九七一年十月三十日放送)。
第十話　攘夷　監督篠田正浩　脚本早坂暁(一九七一年十一月六日放送)。
第十一話　決起　監督下村堯二　脚本新藤兼人、松田昭三(一九七一年十一月十三日放送)。
第十二話　義兵　監督佐藤芳彌　脚本岩間芳樹(一九七一年十一月二十日放送)。
第十三話　壊滅　監督吉村公三郎　脚本新藤兼人(一九七一年十一月二十七日放送)。

わたしは、先に原作を通読し、テレビ映画を後で見たので、その逆ではなかった。あのような長編作品を文字で読むのと映画で見る印象の違いは非常にはっきりしている。

その違和感は、どの原作と映画化にもほぼ同じことがいえようから略すことにして、ここでは、テレビ映画『天皇の世紀』についてのわたしの印象だけにしぼりたい。

テレビ映画は、祐宮(のちの明治帝)が誕生した京都御所宣秋門を大佛次郎が訪ねるところから始まる。生前の作者を知る機会をもたないわたしには、白いスーツ姿の原作者がさっそうと登場する姿は、最初の驚きだった。

次に、いずれの監督も、原作ではそれほどのインパクトをもたない場面を、映像の利点を最大限にいかし、総じて原作の細部を時代劇風に脚色している感を強くした。

たとえば、第三回放映「先覚」の高島秋帆の拷問シーンには思わず目をそむけたくなる。第四回放映「地熱」の水戸烈公、斉昭(一八〇〇~六〇)の頑固一徹ぶりが活写される。第六回放映「異国」では大波にのみこまれる咸臨丸と船員の船酔い場面が長々と続く。第七回「黒い風」の品川東禅寺における凄惨な襲撃シーン。第十回放映「攘夷」における生麦事件の英人斬殺の一部始終等々。これら日本史上、有名なエピソードを見事に映像化した監督は、必ずしも時代劇映画の名匠とはかぎらないけれども(日本人のお家芸といえばそれまでだが)、鮮やかな映像でいずれも原作の細部を十二分に活写してくれている。その意味ではテレビ映画ならではの利点を活用し、原作では味わえない部分を補完してあまりあるといえよう。

他方、テレビ映画『天皇の世紀』では、いうまでもないが、時間的制約ため、割愛されたテーマも数多く存在するのはいたしかたないことであろう。

原作者自身も述べているように、大佛次郎はフランス文学やフランス史に並々ならぬ関心を持つ作家だった。「若い時分、私はフランスのプロスペル・メリメの作品が好きでした。例の「カルメン」や「エトルリアの壷」を書いたひとですが、小説は余技だったらしく、晩年は史跡保存のお役人として暮らしました。[……]アネクドート以外に真の歴史はないと言う意味のことを彼は申しました。」大佛次郎「未知の友に『天皇の世紀』について」(朝日新聞一九六九年一月五日PR版。以下、PR版と略記する)。

大佛次郎とわたしのかかわりも間にフランスが介在する。学生時代のわたしを第二帝政期のフランスに駆り立てたのは、『ドレフュス事件』であり、『ブウランジェ将軍の悲劇』であり、『パナマ事件』であったのはまちがいないからだ。『仏蘭西学研究』誌上でも、大佛の別の大作『パリ燃ゆ』にふれている。[1] パリ・コミューンを取り上げた『パリ燃ゆ』は、作者初期のノン・フィクション三作よりも年代的には早い時期におきた歴史的事件だった。とはいえ、この事件が世界史に占める重要な位置づけからも、それがはらむ予言的意義からも大佛のような大作家にしても執筆前に相当な準備期間が必要だったために、この大作の刊行が年代的にいえば「逆に」なったにちがいない。

まもなくわたしの関心は、ナポレオン三世自身の外交政策へと移っていったが、理由は彼がメキシコ干渉戦争(一八六一〜六七)に乗り出したばかりでなく、やがてイギリスとは協調外交に徹しながらも、フランスはわが国とも日仏修好通商条約(一八五八＝安政五年)を締結し、極東の島国へも多少の関心をしめしはじめ、後に太い線で結ばれていく、いわゆる日仏交流の道を拓いてくれたからであった。

とはいえ、拙論のひとつ[2]において論じたように、ヨーロッパからの遠隔地、メキシコや日本にたいするナポレオン三世の関心は、それほど強くなく、彼は英国外交と協調関係を保ちたいがために極東の国(中国、日本)へフランス外交団を派遣した、というのがわたしの見方である。

他方、米国にならって、ナポレオン三世と日仏修好条約を締結した日本側の方へは、ヨーロッパの先進国である文明国から文化が一気に押し寄せてきたのだから、尋常の受けとめかたでない態度で、わが国はフランスと接触したことは想像に難くない。

以上にように大佛とフランスは切っても切れない関係にある。一見、無関係にみえる大佛次郎『天皇の世紀』にもフランスとのかかわりは見え隠れするはずだ、というのがわたしの推察だった。以下のページでは、まず具体的に該当箇所を探り出してみたい。

大佛次郎『天皇の世紀』とテレビ映画『天皇の世紀』をめぐって

幕末・開国期のわが国の外交においてフランスの果たした役割は、過小評価してはならならないと思えるが、原作においてフランスの動向に深い関心を寄せる大佛がそれを無視するはずがない、というのがわたしの出発点である。

ところで、テレビ映画『天皇の世紀』では、ペリー提督一行のアメリカ人や、生麦事件で犠牲となった香港から渡来のイギリス人と島津久光の大名行列との遭遇、日本語通訳として活躍したアーネスト・サトウ(一八四三〜一九二九)やイギリス代理公使ニールらは登場するのに反して、ひとりのフランス人の姿も見せない。テレビ映画『天皇の世紀』の最初の部分を見て、原作者が不満を漏らしたと仄聞するが、当時のわが国を取り巻く国際環境も重視した大佛には、テレビ映画では米英人のみの登場に不満を残す結果になったのではないかとわたしは愚考する。

そこで急いで、幕末・開国期における日仏関係をわたしなりに整理してみたい。

わが国の長い鎖国の扉をこじ開けた偉業は、アメリカ人、ペリー提督に帰さねばならないけれども、ヨーロッパの大国、フランスとの外交関係を推進させたのは、第二代フランス公使レオン・ロッシュ(一八〇九〜一九〇一)だった。

それまで外部の国々(オランダ、中国を除く)にたいして極めて消極的外交をとり続けてきた徳川幕府がフランスとの外交を積極的に推進したのは、初代のベルクールに続き、江戸に着任したロッシュを嚆矢とする。来日する前には、彼はナポレオン三世夫妻をフランスの植民地アルジェリアに迎え入れ、フランスに偉大な帝王ありという大演出をやってのけた元アラビア語通訳あがりのフランス外交官だった。ロッシュのおかげで、ヨーロッパと少なくとも中近東諸国ではナポレオン三世の名は不朽になったのである(3)。

一八六四年、江戸に着任したロッシュが日本でも前任地のアラビア語圏諸国でしたような同じ外交を行なおうとしたかどうかについては後考を待たねばならないが、確実に言えそうなことは、だれの目にも明らかに弱体化した徳川幕府にたいして、彼が親仏派の幕臣(栗本鋤雲、小栗忠順ら)と組み、フランスの軍事的・経済的援助をつぎ込むことによって幕府の立て直しを図ろうとしたことであろう。

このような文脈に位置づけてみると、このフランス公使の目論見も一層明白になってくるのではないだろうか。具体例を挙げると、

一、栗本鋤雲、小栗忠順ら、いわゆる親仏派幕臣による横須賀製鉄所(後に造船所)の建設。

二、フランス軍事顧問団の日本への派遣「ロッシュ側の提案を大佛は「御雇フランス士官に依って陸軍が教練され強力となるように約束[4]」と訳している」。

三、徳川慶喜名代としての弟昭武(一八五三〜一九一〇)らのフランス派遣等々。

とはいえ、英国は、ある時期から台頭する西南雄藩を支持する政策転換を行なったのにたいして、フランスは落日の徳川幕府再建にこだわった。

大佛も『天皇の世紀』において描くように、英国を代表する駐日公使ハリー・パークス(一八二八〜八五)が徳川幕府に早々と見切りをつけていくのにたいして、フランスは幕府支援政策をかえなかった。徳川慶喜にいたっては、大政奉還に踏み切る直前、旧暦[一八六七年]正月十九日、

二十六日、二十七日にわたり、通訳塩田三郎だけをともない、ロッシュと三日間の密談までも行ない、「天子に向いて弓をひくことあるべからず」と最終決断までしているのである(同第八巻)。

これにたいして、英国のパークス公使は、中国語通訳として、中国大陸に勤務した経験があることから中国人のメンタリティーや風俗習慣に通じていたことは事実であろう。だが、日本事情や日本語については、それほど通じていなかったにちがいない。彼やイギリス政府が当時の日本政情等を的確に判断できたのは、派遣された優秀な日本語通訳、アーネスト・サトウらのおかげであったといえるだろう。

他方、フランスといえば、日仏修好条約を締結したグロ男爵率いる外交使節団の時以降、通訳を務めたのは、メルメ・カション(メルメ・ド・カションが正しいが、以下、日本での通称で、カションと略記)である。カションは、フュレ、ジェラール神父とともに一八五五年、香港から那覇に着き、日本語習得のために那覇天久の聖現寺に滞在したと伝えられている[5]。

故富田仁氏に続き、小野寺龍太氏もカションに抜群の日本語運用力があったとして、彼が残した俳句(ひとかまい　別れの世界や　さくら花)を証拠として引用しておられるが、わたしはカションの日本語運用力を洗いなおす時期に来ているのではないかと考えている[6]。

私見では、幕末日本における英仏外交の方針をわけたのは、両国の通訳の力量の差だったように思われる。つまり、サトウらは英国で外交官試験[7]をパスして、その選択外国語の該当国に派遣された職業外交官の卵であった。これにたいして、幕末明治の開国期にフランス側で活躍したとされるカションの前身は聖職者であって、開国前の琉球で日本語を習得したといわれる(勝海舟は、カションを「妖僧」と評したという。司馬遼太郎『街道をゆく』による)。わたしの知る限り、栗本鋤雲との日本語とフランス語の「交換教授」は知られているとはいえ、彼の日本語能力を客観的に証明する文献はとぼしいからである[8]。

レオン・ロッシュ公使は、「日本に来てから一切の心覚え」をアラビア文[語]で書きとめるなどの職業外交官の片鱗をみせた(第七巻)といわれるが、日本語運用能力は欠落しいたようだから、わが国での行動のすべてをカションらの通訳に頼らざるをえなかったのはいうまでもない。

その結果、パークス公使とロッシュ公使との間に日本や日本人にかんする認識の差が次の諸点に生じていたように思われる。両者の間には、西南雄藩支持へと向かう英国と凋落の徳川幕府を支援するフランスとの間には、幕末の日本政情に関する認識の差が表面化してきたが、わたしは他でも同じ趣旨の発言をしており、繰り返しになるので、ここではアーネスト・サトウがフランス語通訳カションの日本語運用能力にかんする次のような発言を引用するだけにとどめておきたい。

「私はフランス公使の面前で、日本語の書面[三行ほどの短い布告文書を指す]に関する自分の知識を発揮したわけだが、この夜は私にとって誇らかな一夜であった。フランス公使の通訳メルメ[・カション]氏でさえも、自分の教師の助けなしには一つの書類さえも読むことができなかったのである」[9]。

その意味で、当時の日本事情をよりよく理解するため、大作『天皇の世紀』で大佛が外国人の証言をひんぱんに援用する理由は、「昔の日本人は自分に関係のある主従関係以外には冷淡で、会っていながらも人間を見ずに来てしまったように思われます。「天皇の世紀」はそれを修正したのです」(PR版)という原作者の持論に尽きているようである。原作第八巻でも、大佛の以下のような趣旨の発言を見出せる。(10)

「[……]勝[海舟]がサトウを介してパークスと、かなりの深度の交渉があったと見ることが出来る。事実、外国人の方が官軍の動きや内情について日本人よりも詳細に知っている場合が多いので、機敏に勝は読取ろうとしている。その上に勝誇っている官軍に対して、パークスはかなりの影響力を持っていた。パークスは幕府の壊滅を予見し、薩摩に加勢して、幕府の不利を図った人物だが、勝はこのひとを幕府の為に、出来れば利用する必要もあることを知っていた(第八巻)」。

一、英国側は、日本の政治構造を「頭の二つある政情」、つまり十七世紀末に長崎のオランダ商館つきの医師、ドイツ人ケンペル(一六五一～一七一六)が『日本誌』で早くから見抜いていたように、現世の世俗的皇帝である将軍と宗教的皇帝である天皇が併存する二重構造の国と認識していた。パークス公使は「ショーグンはただの大名並みに落ちるだろう」とまで見通していたという(『天皇の世紀』第六巻)。これにたいして、フランス側にそのような歴史認識があったのかどうかは未詳である。

二、パークス公使自身も、あやうく京都で、いわゆる異人斬りの犠牲になるところだっただけに、「英雄的行為と見られる外国人襲撃を武士たちが希望せぬようにさせるには、刺客に武士の名誉を剥奪し、屈辱的処刑を科することである。[……]切腹は日本人にとって刑罰たり得ないのである。」と大佛は書いたし、これにたいし、堺事件に際して、ロッシュは「未開のチュニスで、アラビア人の殺伐な習俗を見なれていたろうし、同国人十一名の死に対し、二十名の処刑を自分から要求して出たものであった」とも述べているばかりでない。「堺事件でロッシュが最も厳峻な方法で要求したつもりでいたのだが、実は観点を誤っていた」とも指摘しているのである。(第八巻)

『パリ燃ゆ』と『天皇の世紀』との関連

一、吉田松陰は日本のブランキ(一八〇五～八一)か。

松陰(一八三〇～五九)にかんして、大佛は『天皇の世紀』の中でこのように指摘する。

「不思議な囚人[松陰]である。その影響力からも人格が清潔で真理を追及する熱情の深さからいっても、類似した人物を私はフランスのオーギュスト・ブランキに見る。革命家で七十年の生涯の三分の二を牢獄で暮し、法廷の判事から「住所はどこか」と問われた時、「私の知る限り住所と言えば監獄以外にない」と答えた。同志が彼を奪還に来るのを怖れて、ブランキをどこの要塞に投じてあるかを厳秘にして外に発表しない。その独房生活の中でブランキは革命の戦術論のみならず博物学、天文学の研究を続けて、科学雑誌に論文を発表したりした。少しも休むことがない。ブランキは氷室のような孤独の生活であったが、日本の吉田松陰は、友人や弟子たちの敬愛に囲まれ、海が明るく、山が青い萩のような好い環境にいて妻も娶らず道を追うことに熱情を傾けた。[後略]

（第二巻）」。

ちなみに、朝日新聞の大佛担当学芸部記者を務めた櫛田克己は「弟子たちに対して松陰は必ずしも、よい学問の師ではなかった」という大佛の言葉を第一巻から引用しつつ、「学問知識がどうであったかということよりも、なによりも身をもって教える若い松陰の情熱が若い人たちに力をあたえた」[11]と指摘している。

ただ、『パリ燃ゆ』においては、生涯の過半を監獄で送ったブランキは、影絵にように登場するだけで、大佛はこの革命家の具体的なポルトレを書いてはいない。

最近、必要があって、ジュール・ヴァレス『パリ・コミューン』（原題は*L'Insurgé*「謀反人」）を読み返したが、彼が生前のブランキを見事にとらえた描写があるのを発見した。そこで以下、その箇所を引用してみたい。

「一八七〇年九月六日……ブランキ

中央市場街で午前十時に集会が催された。長靴のようにひょろっとして、襟が高すぎ、袖が長すぎ、裾がひろすぎたガウンの中に埋もれた小さな老人が、テーブルの上に数枚の紙片をひろげている。

しょっちゅう動いている頭、灰色の顔、大きなわし鼻が真ん中でひどく段になっていて、口は歯が欠け、歯ぐきと歯ぐきの間に桃色の幼児のような舌の尖端がちょろちょろとのぞいている。馬鈴藷の皮のような顔色。

こうしたものの上に、広い大きな額と、石炭のような瞳とがある。これがブランキだ。

わたしは自分の名を言う。彼はわたしに手をさしのべる。

「まえまえから、あなたとお知りあいになりたいと思っていた。あなたのことは、いろいろと聞いていますよ。あなたと人目につかないところで話しあいたいと思っているのだが……同志としてです。ここでの仕事が終わりしだい、すぐわたしの家に来てくださるまいか。いいでしょう?」

彼は住所を書いた紙をわたしに渡し、親愛の情をこめた身ぶりで別れを告げてから、ラ・ヴィレット地区のものがその辺にいるかどうかたずねる。

会談が終わるとすぐ、わたしは彼のところに駆けつけた。

彼は、ナポレオン三世のクーデタのときの流刑囚であった人の家に住んでいる。ラ・ヴィレットの暴動があってから、彼はその人の近くに身を隠していたのである。

わたしが着いたとき、彼は手に鉛筆を握って宣言文を練っていた。彼は早速わたしにそれを読んで聞かせてくれた。

これは祖国の名において、彼と国防政府との間で調印された休戦協定だ。

わたしはいどむような顔をあげる。

［……］

これが人民蜂起の亡霊、黒い手袋をはめた熱弁家、シャン・ド・マルス（パリ練兵所）で十万の人間を扇動した人物。ヴェルサーユのスパイ、タシュ［ロー］の資料では裏切者に仕立てあげられている人である。

彼の黒い手袋にはハンセン病がかくされている、という噂が立っていた。彼の目は胆汁と血で濁っていると伝えられていた……それどころか、彼はきれいな手と澄んだ眼差をしていた。人間の大海原に鞭打つこの男から受ける印象は、まるで腕白どもを育てていつくしむ老師にでも会っているようだ(12)」。

ブランキについて、大佛次郎がなにも具体的に記していなかっただけに、かなり長い引用になった。だがこの引用箇所にはいくつかの重要な事柄が含まれている。

一、まず、ブランキとヴァレスが顔を合わせたのは一八七〇年九月六日で、その日、会談が行なわれたこと。その議題は未詳だが、その後、当日、プロイセン軍にたいして徹底抗戦を主張するブランキは、国防政府をいち早く是認し、その政府との休戦協定にかんする宣言文を練っていた事実が判明する。

二、ブランキ自身は決しておもてに出ることはなく、陰で人民を扇動する革命家とみなされていたこともあって、その存在を異常におそれる人たちがいたようだ。三、その結果、世間の噂では、ブランキはハンセン病にかかっている手を見せないため、黒手袋をはめているのだと伝えられたが、ヴァレスが目にしたブランキは「きれいな手と澄んだ眼差をしていた」という。この証言も重要であろう。

大佛次郎は、なぜヴァレスのようなブランキ像を描かなかったのであろうか。実際、ブランキと松陰とは、国籍はいうまでもないが、年齢や、二人がよって立つ革命思想も異なっていた。ここでブランキの政治思想の一例をしめせば、「われわれは革命家である。なぜならば、われわれは革命の目的を達成するために、力によってのみ維持されている社会を力によって転覆することを望むからである」[13]のような武力革命を主張してやまない。ただ生涯の大半(四十八年)を獄中で過ごした彼の激しい革命理論が人口に膾炙することはありえなかっただろう。松陰が唱えた草莽崛起《そうもうくっき》に同じことがいえよう。

つまり、両者は弟子たちに思想上の直接的な影響を与えることはなかったとしても、その存在そのもの(たとえそれが影の存在であろうとも)が時代のうねりで発生する「地熱」(大佛の用語)への起爆剤となりえた共通点を大佛が重視して、松陰とブランキとを結びつけているのであろう。

前々からわたしは、『天皇の世紀』とその直前に完成した『パリ燃ゆ』との間には、なんらかの関係があるのではないかとひそかに想像していたので、両者のつながりを調べてみたのだが、具体的な収穫はごくわずかだったといってもよい。探索は、意外な結果に終わったのである。

さらにいえば、『天皇の世紀』には、吉田松陰とブランキとの人物比較の他には、パリ・コミューンへのもう一つの言及は次のものがあるのみである。第七巻において、最後の将軍、徳川慶喜の大政奉還のくだりで、大佛は次のように書いている。

不発に終わった坂本龍馬の先見の明

「この時から数年後、一八七一年にパリの市民が組織したコンミューンの政府が、百日近く籠城して戦費や財政資金のないのに苦しみながら、市内にあるフランス銀行に一度も手をつけず、後の論者から、人民政府はフランス銀行の前をただ敬礼して通ったと、敗北の原因となった無知と怠慢を酷評された(第七巻)」。

パリ・コミューンについて大佛は、このようにあっさりとふれているだけで、その歴史的・社会的背景等にこれ以上の説明はしていない。

とはいえ、このくだりは、幕府崩壊の前に土佐脱藩の坂本龍馬(一八三五〜六七)が貨幣鋳造の権利を幕府から奪えば、体制が崩れると判断していたその先見の明に言及したものだが、大佛は早くから長崎で海援隊を組織するなど経済にも明るかった竜馬の卓見をたたえたかったのであろう。ただ、一読者としては、パリ・コミューンの経済政策の失敗がどの点にあったかを大佛が見ていたのも明らかになるので、きわめて興味深い言及といっていいとわたしは考えている。

大佛のあげる「後の論者」とは、おそらくマルクスやエンゲルスを指すと思われるが、パリ・コミューンを扱った好書のひとつ、柴田三千雄『パリ・コミューン』(中公新書、一九七三年刊)に従って、少々具体的にふれてみたい。

柴田によれば、コミューン側がフランス銀行から借り入れたのはわずか総額二〇〇〇万フランであったのに、ティエールのヴェルサーユ政府は、なんと同銀行から二億五八〇〇万フランを引き出していたという(14)。

このような潤沢な資金を活用し、ヴェルサーユ政府は、パリ市内に多数のスパイを放ち、また、コミューン側軍人の買収に奔走していたようだ。ティエール政府が買収しようとしたコミューン側軍人の中には、ポーランド人亡命者だが、敵側の有能な軍人とみなされていたドンブロフスキーらがいた(15)。

さらには、ヴェルサーユ政府の外相ファーヴルがビスマルク(一八一五〜九八)と交渉して、フランス人捕虜の大量帰還にこぎつけるが、豊富な資金は、コミューン政府に向けての壊滅作戦に際し、これらプロの旧フランス軍帰還兵をヴェルサーユ政府軍に編入するのにも使われたにちがいない。

以上、わずかに二箇所にすぎないけれども、『天皇の世紀』には、『パリ燃ゆ』執筆時、大佛の裡に蓄積された地下のマグマのようなものが、想定外の箇所に突如として吹き出すので、読者は驚きをかくせない。とはいえ、大佛がひとつのライフワークにいかに莫大なエネルギーを傾注したか

—そこにそのマグマのエネルギーの別の作品への投影を見る思いがしてならない。このような視点から考察すると『パリ燃ゆ』と『天皇の世紀』は全く別の系列の作品ではなく、内的に深くかかわりのあるノン・フィクションではないかと思えるのだが、これは牽強付会となるであろうか。

というのも、テレビ映画『天皇の世紀』の冒頭で黒船来航が大きくクローズアップされるが、原作では国内で発生した「南部の百姓一揆」の叙述にも多くのページが充てられているためである。

大佛次郎は書いている。

「百姓は死なぬように生きぬようにと合点致し収納申付け言うのが徳川幕府の農業政策で、これら零細農家を土台として封建領主、武士、商人から成る社会が成立している。支配階級が米穀経済から貨幣経済に移行しても、圧迫はいつも底辺の農家に重く掛って来る。武士たちは扶持米を売って貨幣を手に入れるのだから、貨幣の需要が増大するにつれて、最初、四公六民と言われた生産物（主として米）の分配が領主の必要から五公五民となり、七公三民となって行き、農民に誅求が苛斂に掛って来る。米の掠取である。農家はやがて豊作の時には特に米を手もと持ち得なくなる。権力を以て、そうするのだ。その上に南部地方には、よそよりも農作にむごい天候の激変が多かった。その場合、農民を訪れて来るのは飢餓である。［…］」

こうして、「農民が祖先伝来の土地を捨て、唐天竺にでも渡って住もうと、考えるようになったのは、封建の秩序を根元から揺さぶって転覆に近付けるものであった［…］」。（第一巻）

大佛次郎研究家、福島行一は、アメリカのペリー率いる黒船来航が《外発的開化》であれば、「南部の百姓一揆」のような国内の農民らの暴発を《内発的開化》とみなしている。

『パリ燃ゆ』においても、作品の主役は、「無名の人々」だったこともここで思い出しておきたい。つまり、大佛には歴史を大きく動かしてきたのは、時の王侯貴族や為政者などではなく、歴史の闇の中に消え去っていった「名もない人々」である、というとらえ方を随所で見出すことができるからである。

松陰を日本のブランキと大佛がたとえたのは、弱冠二十九歳で刑死した彼が草莽崛起を唱えていた幕末における思想的リーダーであったことも無関係ではないだろう。松陰に、その影響下に奇兵隊(長州藩)を組織した高杉晋作(一八三九～六七)を加えると、大佛が共感をしめす人物像が浮かび上がってくるのではないだろうか。テレビ映画でも松陰と高杉晋作の人物像がとくにクローズアップされており、それぞれの担当監督が大佛の意図を忠実に追っていたことも意義深い。

さらにいえば、一見、無関係のようにみえるのだが、わたしには第九巻の「旅」と題されたかなり長い章こそが、『天皇の世紀』と『パリ燃ゆ』との間に、深い関連があるように思えてならない。そこで、最後に、その点にふれてみる。

幕末の開港後、来日したベルナール・プティジャン(一八二九～八四)と、鎖国中、キリシタンへの過酷な取締政策を生き延びた浦上かくれ切支丹との感動的な出会いは、大佛の大作以外でもよく知られた史実である。

とはいえ、開国後も明治政府によるキリスト教徒弾圧、とりわけ、彼らの固い信仰への意思表明を打ち砕こうとして、日本の各地へ彼らを分散させる政策とそれから生じた悲劇については、（遠藤周作の『女の一生』など一部の例外があるが）、それほど人口に膾炙しているとはいえないだろう。大佛が第九巻でなぜかくも長々とこのテーマを追い続けるのか疑問に思う読者もさぞかし多いにちがいない。原作者もこの点を承知していて、章末で「浦上切支丹の「旅の話」は、この辺で打ち切る」とまで述べている。

だが、これに続く文章で著者の意図がこのように明らかにされる。

「私がこの事件に、長く拘り過ぎるかに見えたのは、進歩的維新史家も意外にこの問題を取り上げないし、然し、実に三世紀の武家支配で、日本人が一般に歪められて卑屈な性格になっていた中に浦上の農民がひとり「人間」の権威を自覚し、迫害に対しても決して妥協も譲歩も示さない、日本人としては全く珍しく抵抗を貫いた点であった。当時、武士にも町人にも、これまで強く自己を守って生き抜いた人間を発見するのは困難である。権利という理念がまだ人々にない。しかし、彼らの考え方は明らかにその前身に当たるものであった」。（同第九巻）

もちろん、浦上の農民にはキリスト教について「教理知識」は、乏しいが、地元の代官や目明しとの宗教問答において、代表格である仙右衛門は、一歩も負けていない。それだけではない。明治新政府が派遣した高官（澤宣嘉、井上聞多、寺島宗則ら）との論戦では、筋が通らない説明を繰り返すのは、役人の方で、「合理的な態度」を貫いたのは、キリシタン側であった、つまり時の為政者たちは、地元の浦上農民にたじたじとなった、と大佛は指摘するのである。

外交政策上、明治新政府は、できるだけ速やかに欧米先進国並みに、自国を文明国とみなされたいと焦っていた。ところが、明治四(一八七一)年に、欧米に派遣された岩倉具視らの使節団にひとつの大きな障害となったのは、高札に掲げられた「邪宗門禁止令」だった。カトリック国フランスからは強い抗議がくりかえされたといわれる。

浦上切支丹たちには、欧米の宣教師や外交官たちからの精神的サポートがあるのを頼みするだけで、後はゆるぎないキリスト教への信仰を武器にして闘うしかなかった。神道国教政策をバックに、新政府の高官が彼らに棄教を迫る中であくまで信念を貫き、彼らは命を賭して、強大な権力にたいして、抵抗したのだった。

大佛が彼らに注ぐ温かいまなざしには、ティエール率いるヴェルサーユ政府と果敢に戦ったパリ・コミューンの参加者に示された大佛の共感とどこか通底するものがあるように思えてならない。政治思想とは無縁の、無名の民衆が集ると、どうして時の権力に反旗をひるがえすようなひとつの大きな力になってゆくのか。そのような流れを生むエネルギーのようなものに、大佛は無関心ではいられなかったにちがいない。

最後に、わたし自身も最初の留学時代に立ち会う機会に恵まれた、いわゆるフランス全土にひろがった学生たちの「五月革命」にも大佛が並々ならぬ関心をしめした、と原資料、証言等の収集で作者に協力された村上光彦氏が明らかにされている[16]。

おわりに

恥ずかしながら本音をもらせば、最初は文庫本『天皇の世紀』を通読しようとして、第一巻の途中でなん度も挫折した。振り返るとわたしはこの大作とは実に長いつきあいをしたものだ。

二〇一二年の新聞記事コラム(文化の扉―はじめの大佛次郎)で御厨貴氏は「今の学生には難しいようです。『天皇の世紀』を読ませると、「本が真っ黒。漢字ばかりで」と。むしろ『パリ燃ゆ』や、ロシアのスパイを描いた『地霊』などをが面白く読めるようです。」(朝日新聞二〇一二年十月八日付)と発言されていたが、候文等の引用がそのまま随所に頻発するこの長編を読み切るのは、とっくに老齢に達したわたしにとっても決して楽な読書ではなかった。

ここであえて断るまでもないが、『天皇の世紀』では、日本とフランスとの関係というテーマは作品全体の流れの中であくまで副次的な位置を占めるにすぎない。ただ、連載途中で大佛次郎の急逝のため、この大作が未完でおわっているわけだが、前出の櫛田克己によれば、原作者はせめて、西南戦争まで筆を進めたかった、と生前の大佛は意向を伝えていたという。わたしの個人的関心からいえば、大佛の連載がさらに続いてくれていれば、明治新政府に反旗を翻した榎本武揚の箱館戦争までおよんで、ジュール・ブリュネほか一部のフランス人軍人も加わった箱館五稜郭の反乱軍の行動を作者がどう見ていたかまで知りたいところであった。その意味で著者が渾身の力を打ち込んだライフワークが、竜頭蛇尾におわったのはかえすがえす残念というほかいいようがないのである。

注

［拙論中の大佛次郎『天皇の世紀』からの引用や言及は、ハードカバー版全十巻（朝日新聞社、一九七四年）の巻数だけ記し、『天皇の世紀』（文藝春秋、二〇一〇年）の文庫本も適宜、参照した。ただし、本稿では煩瑣を避け、あえて巻数の頁は省略した。］

（1）市川「パリ・コミューン、ルイズ・ミシェル、大佛次郎」「仏蘭西学研究」第三十八号、五五〜六二頁。
（2）市川「ナポレオン三世の対外政策——遠隔地メキシコと日本の場合」同第三十七号、三〜一四頁。
（3）中山裕史「レオン・ロシュの対日政策の背景　駐日全権公使着任までの軌跡」桐朋学園大学短期大学部紀要、第十六号一九九八年、四五〜一三七頁。
（4）S. Ichikawa, «Les Premières Missions Militaires Françaises vues par les Japonais de l'époque de Meiji» dans *Revue Historique des Armées*. No.224.(Sept. 2001).pp.55-64.
（5）富田仁『メルメ・カション　幕末フランス怪僧伝』（有隣新書、一九八〇年）。なおメルメ・カションについては、新しい資料に基づき、研究を続行されている Brendan Le Roux 氏の論考「メルメ・カションと日本」（その一）「仏蘭西学研究」第三十六号から（その三）同第三十九号も参照されたい。
（6）小野寺龍太『栗本鋤雲　大節を堅持した亡国の遺臣』（ミネルヴァ書房、二〇一〇年）五六頁。
（7）アーネスト・サトウの詳細な伝記を書いた萩原延壽『遠い崖　アーネスト・サトウ日記抄（1）』（朝日文庫、二〇〇七年）一二七〜一二八頁によれば、文官任用委員による筆記試験科目（［1］筆跡と正字法、［2］算術、［3］文章の要約、［4］地理、［5］幾何、［6］ラテン語の英訳、［7］フランス語の英訳）をうけ、首席で合格したという。
（8）富田、前掲書と小野寺、同上書、五六頁を参照されたい。
（9）アーネスト・サトウ著、坂田精一訳『一外交官の見た明治維新』（岩波文庫、一九六〇年）上巻、一九〇頁。
（10）外国人の方が日本人より国情がよく見えるという大佛の持論は第九巻にも見出せる。「日本人よりも中央の政情を知る居留地外国人筋は、一層警戒を怠らなかった」。
（11）櫛田克己『大仏次郎と「天皇の世紀」と』（社会主義協会出版局、一九八〇年）三〇頁。
（12）ジュール・ヴァーレス著、谷長茂訳『パリ・コミューン』（世界の文学25、中央公論社、一九六五年）四一四〜四一五頁。
（13）ブランキ著、加藤晴康訳『革命論集』上・下（現代思潮社、一九七〇・七四年）。下巻、一五一頁。

(14)柴田三千雄『パリ・コミューン』(中公新書、一九七三年)一二四〜一二五頁、一四〇頁。
(15)ヴァレス前掲訳書、四八〇頁上と五四二頁下を参照されたい。
(16)村上光彦『大佛次郎　その精神の冒険』(朝日新聞社、一九七七年)二八四頁。

参考文献(注で引用または言及した文献は除く)。

大佛次郎ノンフィクション全集全五巻に含まれる『パリ燃ゆ』上・中・下(第三、四、五巻)末尾の村上光彦の解説。

福島行一『大佛次郎』上・下巻(草思社、一九九五年)。文庫版(全十二巻)『天皇の世紀』(文藝春秋、二〇一〇年)各巻末の福島行一による解説。

オールコック著、山口光朔訳『大君の都』上・中・下(岩波文庫、一九六二年)。

浦川和三郎『浦上切支丹史』(全国書房、一九四三年)。

片岡弥吉『浦上四番崩れ――明治政府のキリシタン弾圧』(ちくま文庫、一九九一年)。

石井孝『増訂明治維新の国際的環境』(吉川弘文堂、一九六六年)。

第七章　ドイツ占領下のリヨンを生き抜いた瀧澤敬一
――そのご遺族を現地に訪ねて

二〇一二年初夏のわたしの渡仏には三つの目的があった。

第一は、日本の地を踏んだ最初のフランス人、ギヨーム・クールテ(Guillaume Courtet 一五八九～一六三七)の生まれた南仏のセリニャンを訪ね、生家や彼にまつわる資料を収集することであった。

第二は、アヴィニョンに近いカルパントラを再訪し、フランスの地に偶然立ち寄った、これまた最初の日本人と目される支倉常長(一五七一～一六二二)一行の足跡記録を同地のアンガンベルティーヌ図書館で調査することであった。

以上、二つのうち、前者クールテについては二〇一二年十月十日に日仏会館(東京・恵比寿)で講演をおこなう機会に恵まれたし、その講演録音から内容をおこし、文章化する予定であるので、ここではあえてふれない。

カルパントラの図書館での調査にかんしては、該当古文書の写真を持ち帰ったものの、現在も未整理のままなので、それについても、これまた何かを言うべき段階でない。

そこで、以下のテーマは戦中から戦後にかけてわが国で広く読まれた名著『フランス通信』[1]（全十巻）の著者、瀧澤敬一（実弟は俳優・演出家の滝沢修、一九〇六〜二〇〇〇）のご遺族訪問にしぼりたい。

瀧澤敬一（一八八四〜一九六五）のご遺族宅を訪ねて

瀧澤敬一『フランス通信』の中身については、後ほど具体的にふれることにし、今回、わたしは運よく瀧澤敬一の長男アンリご夫妻やお孫さんのセシルさんのご自宅をお訪ねする機会に恵まれたので、その様子から話を始めたい。

東京を出発する前、著書では有名な瀧澤一家のその後の消息については、出版元の岩波書店でも知る人がいなかったため、やむを得ずリヨン第三大学で日本語を教えておられる旧知のS氏を煩わし、リヨン市の電話帳でTakizawa姓すべての電話番号と住所を調べていただいた。同氏のご厚意にたいして、ここで謝意を表しておきたい。

『フランス通信』を読むと、リヨンのラ・クルワ・ルッス（La Croix Rousse）という地名がよく出てくるが、瀧澤家の現住所も同じ界隈にあることが判明した。幸いなことに、いまはメトロが通っていて、地下鉄駅エノン(Hénon)で下車すると一番近いらしいと大体の見当をつけた。山の手にあるエノン界隈は、現在、富裕層の暮す高級住宅街となっており、同じラ・クルワ・ルッスでも下町には、絹織物工が住むアパルトマンがいまも林立すると現地でおしえられた。後日、下町のその界隈を散策したが、電気がなかった時代には、絹織物工は、自然採光をたよりに仕事をしていたため、いずれのアパルトマンの最上階には大きな窓枠がつけられている。ちなみに、先日、ユネスコの文化遺産に登録された富岡製糸所の建物も同じ構造になっていた。というのも官営の富岡製糸所の設計もフランスから招聘したポール・ブリュナ(Paul Brunat 一八四〇〜一九〇八)の手になるものだったからであろう。

さて、リヨン・パール＝ディユー駅そばの投宿ホテルで旅装を解くとすぐに、タキザワ家に電話をいれ、応答にでられた夫人にわたしのリヨン滞在が限られている旨をお伝えした。すると、こちらの来意を即座に察知された夫人は、今日(二〇一二年六月四日)の午後四時にも来てくださいというなんとも嬉しい回答をくださった。

後で年譜を逆算すると息子アンリ・タキザワさんは一九一八年のお生まれなので、九十四歳になられていたはずであるが、ご自宅にわたしを迎え入れてくださったアンリさんは矍鑠としておられた。

本人にお会いする前、リヨンの日本人会等にも顔を見せたことがないとか、日本のことにまったく関心をしめされないお方だとか人づてに聞いていたため、さぞかし気難しい方ではないかと想像

タキザワ夫人（左）、セシルさん（中央）、アンリ・タキザワさん（右）（撮影・市川）

していたのだが、久しぶりの遠来の日本人に気さくに応対してくださった。それまではりつめていた緊張感がいっぺんに氷解した。

まず、名著『フランス通信』を通読するだけではわからない事柄について若干の質問をしたいとわたしは来意をアンリさんに説明した。

これにたいして、わたしが元早大関係者だったのがわかったためか、彼が一九二八年に父と一緒に里帰りし、東京に住んだ時、住家が高田馬場駅と早大の中間にあったことや江戸川が好きだったことなどの思い出を懐かしそうに話してくださった。その頃の早稲田界隈で人に会うと「異人さん」とよく呼ばれ、そこだけを現在では使われなくなった日本語で言われたので、よほど強い印象に残った言葉だったのだろうとわたしは思わずにはいられなかった。

カトリック留学生遠藤周作らのリヨン訪問

遠藤周作らは、戦後、いち早くカトリック留学生として渡仏する機会に恵まれたが、渡仏以前の遠藤にとって、瀧澤敬一『フランス通信』は、フランスにかんする、いわばバイブルのような書物だったようである。遠藤はこのような言葉を残している。

「当時の私たちなどには自分が生涯、訪れることのない[ママ]不可能な国、たずね、見ることのできぬ国の話を聞かされるようにこの本を読んだものである(2)」。

未来の芥川賞作家、遠藤周作にとっても、フランスを訪れることなどは長い間、夢のまた夢であった。彼が友人らとともに途中下車したリヨンで、タキザワ家に招かれたのだった。それは一九五五(昭和三十)年のことである。

他方、大戦中、日本語を喋る相手がいなかったため、さびしい思いをしてきた瀧澤敬一にとっては、久しぶりの日本人との出会いであった。瀧澤と遠藤らとの間で、日本語での四方山話に花が咲いたことを前述の文章の続きで遠藤が綴っている。

両者の邂逅について、わたしは、アンリさん(リヨン大学医学部を卒業されて、耳鼻咽喉科医となられた)に、「その時、その場におられたのですか」とお尋ねしたところ、いるにはいたが、父と三人の日本人はほどなく別の部屋に消えていったと述べられた。その時の様子について遠藤は「久しぶりで日本語をしゃべる嬉しさは我々でなく、滝澤氏のほうが強かった」と語っている。想像するに、思う存分日本語をしゃべりたい父親とフランス語を母語として育った息子のアンリさんとは別行動を取らざるをえなかったのであろう。

平均的フランス人のように生きた瀧澤敬一

彼は、政治的には穏健な保守主義の持ち主であったようだ。つまり、極端な右翼でもなく、人民戦線政府から共産党まで、いわゆる左翼嫌いであった。一九三六年に成立したレオン・ブルム(Léon Blum 一八七二〜一九五〇)の人民戦線政権は、鉄道の国有化、労働時間の週四十時間短縮化、「有給休暇」制度等の導入政策で知られるが、普仏戦争(一八七〇〜七一)で失ったアルザス＝ロレーヌ二州がフランスに返還された機会にドイツ、その他の国からの帰化人を歓迎していたようだ。瀧澤は「この辺[ミユルーズ Mulhouse]にはドイツの帰化人——大戦後五十フランの手数料で手軽に帰化が出来たからこれを『五十フランのフランス人』と云う。今では手数料も三千フランに値上げされた——も沢山雑居し、ドイツ語の盛んに使われるのも無理はない」とその政策を批判している。『第三』より(なお原文は旧漢字・旧かなで書かれているが、読みやすいように現代風に改めた。以下も同じ)。

共産党にかんしても、真偽のほどは未詳であるが、巷では旧ソ連から党に大金が送金されると噂されたり、大戦中、モスクワに滞在し、連合軍によるパリ解放直後(一九四四年八月)、フランスに戻った同党党首、モーリス・トレーズ(Maurice Thorez 一九〇〇〜六四)の暮らしぶりについては瀧澤自身も、次のように辛辣な言葉を浴びせている。

「ソ連が株式の九割九分を持つフランスの会社である銀行が一軒パリにある。外国労働者の同情金とは思われぬ大金が送られ、この金融機関を通し、共産党の運動資金としてふんだんにばら撒かれることは、先頃のストライキをきっかけに内相の口からあかるみに出て、議会の問題になったことがある。何しろフランスで一番金回りよいのは、都鄙を問わず共産党であって、首領トレーズの住宅へ修繕に行った一労働者が、あんまり豪奢な生活振りにあきれ返りすぐ脱党したという話さえある」(『第八』より)

共産党党首トレーズの言うことなすことすべてが瀧澤の気に入らなかったようで、こんな逸話まで紹介している。

「最近トレーズはパリでは幼稚なフランス医学で治せない病気療養のため、ソ連特別仕立の飛行機で女房同伴モスコーの大病院に迎えられたほどの豪い男である」(『第十』より)

つまり、瀧澤は、フランス女性と結ばれ、フランスに一家を構える日本人として、地方の伝統的フランス la France profonde を代表する都市の一つリヨンを終の棲家に選んだが故に、大半のフランス人のように、このような平均的生き方に身を置かざるをえなかったのではないだろうか。

ペタン元帥は国父か国賊か

わたしの用意した第二の質問は、ヴィシー政府首班のフィリップ・ペタン(Philippe Pétain)元帥(一八五六～一九五一)にかんするものだった。

瀧澤はこのように記している。

「今度の戦争ではオルレアンの少女第二世出現の奇蹟もなく、八四歳のペタン元帥がヴェルダンの勝利以後生き残って居て、とも角もフランスに甦生の活を入れうることになった」。(『第四』より)

そして第二次世界大戦終了後、元帥は一転して国賊扱いされがちだが、ラジオの肉声を聞いていた瀧澤敬一は親しみをこめて元帥の人柄をこう語っている。

「ペタン元帥の民情視察旅行談は面白い。万歳の声に送り迎えられ、マルセイエーズを耳にたこの出来るほど聞き、よく車をホテル代りにして居られる御老体に対し、誠に御苦労様だと思う。元帥は誰でも直接に話し込むから、時々興味ある挿話が湧く。十月に葡萄酒名産地の一つなる[ママ]リヨンの北、ボージョレー地方の酒問屋を訪問した時の話に、この前の大戦直後、南仏に一ヘクタールの土地を求め葡萄栽培の許可申請に村役場に出頭したら、書記が姓名を尋ねたあと、出征したかどうか、どの地方にどの位動員されて居たかを聞いたそうである。出征軍人には恩典があったのである。元帥が出征しました、動員は一生涯ですと答えると、先方で気がついて恐縮したが、こちらも早速の許可に恐縮して引き下ったと云う。元帥としてでなく国民の父としてちょいちょい人々を笑わせたりする所に親しみがある」。(『第五』より)

日頃、生の声をラジオで聴きながら、親しみまで感じていた瀧澤が戦後、ペタン元帥は裁判にかけられた結果、「反逆罪」で死刑(のち一等減じて終身刑)に処せられたが、元帥をどう見ていたかにふれて、「単に路傍の人としての感想」と断りながらも、彼は次のように指摘する。
「理知に走ってドイツと協力したヴィシー政権にも言い分があり、降服したからには他に手段もなかったのであるが、休戦の当座はともかく、戦争が長びくにつれ勝利者の鉄腕がうなってくるほど、ドイツ坊主とともにヴィシーの袈裟の憎まれて来たのは是非もない。電撃戦の失敗は即ちペタン政策の失敗でもあった。しかしヴィシーとても必ずしも悪政ばかりやったのではなく、あの悪い条件の下で、第三共和国が敢て為し得なかった善政をも沢山実行して居る」。(『第六』より)

このように、瀧澤はペタン元帥の政策や人柄に好感を抱いていたが、他のフランス人たちの元帥観もあえて質してみた。彼らの反応は、当時のフランス人の大半は国難をともに生きた元帥を「国父」のようにみなしていた、というものだった。

たしかに、瀧澤敬一のように、ナチに敗れ、国難をともに生きる同胞にたいして毎日のように、ラジオで語りかけるペタン元帥の肉声を耳にしたフランス人の中には、ペタン臨時政権の果たしたポジティヴな面を評価した人も少なからずいたにちがいない。

ただ、フランス人でないわたし自身は元帥の毀誉褒貶を論じる立場にないのは言うまでもないが、実際にその場にいた者にしか分らない別の「現実」に属する一側面であったことを指摘したかっただけである。(3)

わたしよりも五、六年前にリヨン滞在中、アンリさんと言葉を交わす機会を持たれた住谷裕文氏も「ペタンにたいし祖父のような気持ちを多くのフランス人は抱いていたと言われるが、「[フランス」通信」の著者も日本的な感懐をもって当初それに信頼を寄せていた可能性もあろう(4)」と記しておられる。

ドイツ軍占領下のリヨン

記述は前後するが、ナチス・ドイツとの戦争に敗れたフランスの首都パリにドイツ軍が無血入城したのは一九四〇年六月十四日で、前述のフィリップ・ペタンを首班とするフランス政府はドイツに休戦を申し込み、フランスが降伏したのは同年六月二十一日のことであった。

その当時パリにあって、ドイツ軍のパリ入城を目撃した在留邦人は少なからずいた。だが、フランスの地方都市の中で一、二を争うリヨンの状況の一部始終に立ち会った日本人は皆無とは言わないまでもごく少数だったにちがいない。瀧澤敬一はその稀有なひとりだった。

彼は独仏休戦協定(瀧澤によれば六月二十二日)が調印されるまでは、戦火を避け、リヨン郊外の山荘に一家で疎開していた。久しぶりにリヨンについて、彼の日誌から次のような記述を拾うことができる。

「たった十日足らずでリヨンの姿も変りはてた。どこもかしこもドイツ兵の充満して居るのにはびつくりする。停車場や電車には『ドイツ兵無賃』とドイツ語の貼紙があり『司令部』の方向を矢で示した掲示が辻々にある。役所の屋根や高塔には『まんじ』の赤旗が時を得顔にひるがえり、橋のたもとには丸腰で白い棒を持ったフランス巡査と剣付鉄砲のドイツ兵が立番をして居る。ドイツ

兵は若い」。『第四』より

フランス人の日常生活にも大きな変化があった。

特に食糧は配給制度になり、一日一人あたり、パン三百グラムを支給されるが、大半のフランス人は空腹に喘いでいた。とはいえ、首都パリのある種のレストランでは、以前となにもかわっていない、と報告した日本人がいる。

曰く、「焼き方自由自在のビフテキもあれば玉子もある。バターもくれるし、白パンもある。［中略］こうして飲んで食って、勘定はというと七百フランから千二百〜千三百フラン。まず内地の金にして百円前後というところである。ところで、金も相当なものであるが、食券(carte d'alimentation)も二倍も三倍もとられては、普通のフランス人には、とても行かれない。従ってお客といえば、緑色の制服に身を固めたドイツの将校さんか、あるいは外交官たち[5]」。

反対に、大半のフランス人と同じ生活をしていた瀧澤一家もひもじい日々を過ごさねばならなかった。フランスといえば豊富な農産物に恵まれた国なのに、リヨンにあっても食糧も配給制度を強いられ、不十分な食生活に苦しんだ。

瀧澤の生の声を聴こう。

「酒が血ならばパンは肉、この二つが欠けるとフランスではとかく騒ぎが起り易い。二三割の糠がまじったパンは切符制度で一日一人三百グラムくれるが、三合めしが二合と云う割合だから、女子供にも不足する」。(『第七』より)

彼の空腹の訴えは、声ではなく、やがて叫びにかわる。「食い放題のみほうだいのフランスで、三十年来白パンをたべつけた私が、ぼろぼろの黒パンを前にして、堅パンや、焼芋があったならば、人生さぞ幸福であろうと思う所まで、若返った、いや腹がへって居るのだ」。(『第七』より)

戦後、食糧事情がやや改善されてからも、瀧澤の食物に対する恨みつらみは容易に消えさることはなかったのだ(6)。

リヨンの耐乏生活は、食糧不足ばかりではなかった。「瓦斯も電気もメートルとにらめっこでびくびくして居るのではやりきれない。尤も戦争中はもっとひどい制限で、お風呂は五年もはいれず、温いご飯も三度に一度であった」。(『第八』より)

リヨン郊外の山荘で厳寒期をおくっていた時の話である。燃料不足で暖房設備ない毎日をそこで過ごさねばならなかった際、日本の軍歌を歌いながらベッドで暖をとったというくだりに出会っていた。(『第五』より) これが妙にわたしの脳裏に刻まれていたので、アンリさんらに確認したかったのだ。

軍歌というと、昭和世代のわたしなどには「見よ落下傘　空を征《ゆ》く」文句で知られる「空の神兵」等が定番であるけれども、旧制一高で英語を夏目漱石に学んだという瀧澤のいう軍歌もいかにも古めかしい。実際、彼が挙げる歌詞の出だしを調べてみると、日清役(瀧澤の用語)に盛んに歌われたらしい軍歌(「鶏の林に風立ちて」は豊島沖海の「豊島の戦」から、「煙も見えず雲もなく」は

「勇敢なる水兵」から、「月はかくれて海暗き」は「水雷艇の夜襲」からの出だしの句）であることが判明した。（『第五』より）

その点をアンリさんらに質してみたところ、フランス語の訊ね方もまずかったためか、わたしの趣意が先方に伝わらず、軍歌ではなく、歌＝詩と理解されてしまい、父はラマルティーヌなどのフランス語の詩をよく吟唱していた、というトンチンカンな回答がかえってきた。これには、さすがのわたしも二の句がつげなかった。

思うに、フランス国歌そのものも日本流にいえば歌詞はわが国の軍歌調と言ってもよいくらいだし、果たしてフランスに軍歌なるものがあるのかどうか、フランス語に日本語の軍歌に相当する表現が存在するのかどうかもよく調べてから質問すべきだったと大いに反省した。

最後にもうひとつ、瀧澤敬一とユダヤ人問題についても、アンリさんらに質問をしてみたかった。というのもユダヤ人にかんして瀧澤は自身の見解を書き残していたからだ。瀧澤には、「ユダヤ人狩り」と見出しをつけた一章があり、その冒頭では次のように書いている。

「フランスも勿論ユダヤ人に牛耳られて居て、リヨンにはユダヤ人街（rue de Juiverie）なる名前まである。中世に彼等の大コロニーがあって、盛に商売をした名残である。今でも大通りにある客足の多い商店やデパートは、イスラエリット経営のものが多い。ドイツ占領の四年間ヴィシー政府はその手先になってひどく一九［ママ］を迫害し、ラジオでは毎日の様にイスラエルをやつける放送をきいた」。（『第六』より）

著者が知っていたユダヤ人一家もドイツ警察とフランスのミリシャン(義勇軍)の犠牲になったとも記している。

「私がカーペットを買った商人は、ペルシャのユダヤ人であったが親子三人とも郊外につれ出され、銃殺されてしまった。ユダヤ人を殺したり、掠奪するのは、ドイツ警察とその手先であったフランスのならず者、ミリシャン(義勇軍)である。月五千フランの高給で雇われ、殺人一人毎に二万五千フランの賞金がついたので、共産党やユダヤ人と見ると難癖をつけては補縛暗殺し、酒食にふけったらしく実に恐怖時代と云うべきであった」。

さらに、瀧澤、次のようにも述べている。

「パリではユダヤ人に『ラジオ放送の』聴収を禁じ、器械をすっかり取上げてしまった」。(『第五』より)

「ユダヤ人には善玉も悪玉もある。愛国心などを望むのは無理だが、十ぱ一からげに捕え、殺し、奪い、父だけを殺したり、母だけ追放したり、乳呑児までひき離して、家庭を全滅させたのは、ヴィシー政府の落度であった。英米デモクラシーの敵国でなくとも鼓を鳴らして責めずばなるまい」。(『第六』より)

以上、瀧澤のユダヤ観を知る上で重要な箇所を長々と引用してきたが、極東の島国に住むわれわれ日本人には、ユダヤ人に直接、接する機会は多いとは思われず、とかく縁の遠い存在のような彼らではあることは否めない。瀧澤の描くユダヤ人像は、もっぱらリヨンでの見聞から形成されたよ

アンリ・タキザワさん（左）、シャベールさん（右）（撮影・市川）

うで、そこには瀧澤固有のユダヤ人観を見るべきではなく、一般のフランス人のいだくユダヤに対する感情が色濃く反映していると思われる。

とはいえ、これは大問題で、ユダヤ人とフランス、ひいてはユダヤ人と日本を問うことなしには論じられないであろう。なぜなら、わたしが学生時代に翻訳されたジャン＝ポール・サルトル『ユダヤ人』[8]において、彼が鋭く分析したように「ユダヤ人問題はわれわれの問題」でもあり、サルトル哲学用語でいう自己欺瞞の問題でもあるからだ。

残念ながら、時間の関係で瀧澤敬一とユダヤ人問題をアンリさんらに質すのを今回は遠慮せざるをえなかった。

窓から射す光を見ると、陽も傾きかけていた。あわてて携帯電話のカメラでアンリさん一家のスナップ写真を撮らせていただき、再会を約して、タキザワ家を辞したのだった。

瀧澤敬一には一男一女がいるが、フランソワ・シャベール氏に嫁いだ娘マドレーヌさん(日本名「さくら」)は二〇一一年七月、九十二歳で他界されている。アンリさん一家のマンションから眼下に見渡せる瀧澤敬一旧邸宅には現在、義弟シャベール氏がおすまいとのことである。シャベールさんは翌々日(六月四日)、ご自宅に招いてくださった。

シャベール家では、瀧澤敬一『フランス通信』にフランス語版抄訳(9)が存在することをはじめて知ったので、帰国後、関係者に無理にお願いしてそのコピーをいただくことができた。この訳業の存在を知っただけでも、やはりリヨンまで足をのばしてみる価値はあったというべきであろう。

あの日、あんなにも矍鑠とされていたアンリさんだったが、それから一年余りたっていただいたご家族からのメールは、アンリさんがガンを患い、余命いくばくもないことを告げていたのである。そして、アンリ・タキザワさんは、二〇一三年一月三日、九十五歳で永眠された。謹んでお悔やみ申し上げる。合掌。

注

(1)瀧澤敬一『フランス通信』(岩波書店、一九三七年〜五二年)についてナンバリングがつくのは『第三』からで、『第一通信』は単に『フランス通信』、次の巻は『続フランス通信』と題されていた。なお本小論は煩瑣を避ける意味で『第五フランス通信』からの引用・言及については、『第五』のように略記するにとどめた。

(2)遠藤周作「ひとつの読み方」(復刻版)『フランス通信一・五』別冊(岩波書店、一九八六年)一〜一一頁。

(3)このようなペタン元帥とフランス国民との交流は、戦中のレジスタンス期を扱った類書では、往々にして看過されている

場合が多い。アレクサンダー・ワース著、野口名隆他訳『フランス現代史』第二巻(みすず書房、一九五九年)
(4)住谷裕文「レジスタンスの町(1)戦時下リヨンの滝沢敬一と『フランス通信』」国際センター年報、第十五号、二〇〇九年、大阪教育大学国際センター、一四頁
(5)朝日新聞社からヴィシー政府のフランスに派遣された伊藤昇(一九〇八～八九)は、『四等船客 フランス・スペインを歩く』(月曜書房、一九四七年)の中で記している(四八～四九頁)。あわせて同じころ、パリに派遣されたドイツ人の記録も参照されたい。Cf. Felix Hartlaub, *Paris 1941* / traduit de l'allemand par Jean-Claude Rambach / préface de Paul Nizon. (Solin, 1999).
(6)『シャンパンの微酔』(岩波書店、一九五四年、四四頁)においても、金さえ出せばなんでもかなえられるカンヌ市の超豪華ホテルで「今晩は新香でかばやきを喰わせてくれと日本語で喋って見たらどんなものか」と瀧澤は書いているほどである。
(7)戦前最後のブルシエ(フランス政府給費留学生)の一人として、当時、パリに居あわせた美術留学生、関口俊吾は、ユダヤ人故にパスカル研究で有名なブランシュヴィック教授がソルボンヌから姿を消し、「ユダヤ人学生は学生証に赤い判「ジューフィ」[ママ]を捺され」たと報告している。関口俊吾『変貌する欧州』(皇国青年教育協会、一九四二年)三一～三二頁
(8)安堂信也訳(岩波新書、初版は一九五六年)。
(9)*Journal de France 1936-1942*. フランス通信 瀧澤敬一著 *Texte: Keiichi Takizawa* / Traduction: Nobue Fuqua. p.208.(私家版)シャベール氏からこのフランス語版を借用し、コピーをとり、東京の拙宅まで郵送してくださったのはL夫人である。ここで同夫人のご厚意に深謝したい。

[付記▼以上の拙文は、日本仏学史学会第四三九回月例会(平成二十四[二〇一二]年十二月二十二日)での口頭発表をもとに文章化したが、当日、時間の関係で会場ではふれなかった部分を加筆した。]

第八章　日系フランス人の住むニューカレドニア再訪――わたしのチオ村紀行

学会誌「仏蘭西学研究」十四号（一九八四年）は、初代会長「高橋邦太郎先生をしのぶ」記念号[1]となっているが、この号にはニューカレドニアと日本との関係を扱った「研究論文」が二点掲載されている。ひとつは本誌三十八号の拙稿でその著書[2]を紹介した小林忠雄氏による「小野弥一伝――第一回ニュー・カレドニア島邦人契約移民総監督」であり、第二は阪上脩氏の「ニュー・カレドニア移民の子孫――日系フランス人の問題」である。

前者については同氏の著書と記述がだぶる部分もあるので、詳しくは単行本に譲る。後者は、わたしの二度にわたる駆け足旅行でも訪れることができなかった島の奥地に住む日系フランス人との会話も収録されているので、いまとなっては貴重な報告となっている。ニューカレドニアに住む日系フランス人三世・四世の特徴について、氏は「中国華僑のようにどこへ行ってもあくまで中国人でありつづけるといったことは、ニュー・カレドニア日系人にはなく、現地に適応しすぎるぐらい適応している。日本人のアイデンティティをまもるというようなことにあまりこだわらない[3]」と指摘された。

わたしは、一九九九年にヌメアをはじめて訪れているので、今回は二度目のニューカレドニア旅行である。今年(二〇一二年)はニッケル鉱山労働者として日本から移住者が島に到着して(一八九二年)から百二十年目の節目を迎えるので、第一回日本人移民をたたえる記念行事が夏に開催されるのをわたしは早くから知っていた。本来ならそれに合わせて、ヌメアを再訪すべきだったのであるが、夏前にはフランス国内でも調査しなければならない用件を三つほどかかえていたので、記念行事に参加するために島を訪問することはできなかった。

余談になるが、前回のヌメア滞在中、連日、過密プログラムが組まれていたので、わたしにはプライベートな時間はないに等しかった。ヌメア選出の下院議員の表敬訪問、地元テレビとラジオでのインタービュー、地元新聞記者との会見等といった分刻みのスケジュールを毎日のようにこなさねばならなかったからである。これにこりて、今回は半ばお忍びで電撃訪問を決行することにあいなった。それでも現地の友人の協力なしでは実行できない計画もあった。そのひとつはヌメア市近郊のデュコ(Ducos)までドライヴして下さった日本名誉領事M夫妻のご厚意であり、もう一つは車なしでは実行不可能なチオ村行き(ヌメア北東百二十キロに位置する)で、それらが実現できたのは、当日車で同行してくださったB氏とT氏のご協力のおかげである。また、ヌメアを発つ前日、第一回移民団総監督小野弥一(一八六〇〜九三)の墓のある市営墓地まで案内してくださったのは、前日本人会会長N氏である。その意味で、日系フランス人関係者には紙面を借りて深謝を表しておきたい。

ニッケル鉱山の村チオ紀行

二〇一二年五月十二日午前八時ちょうどに、宿泊ホテルのカウンターにわたしが駆け降りてみると、日系三世のH夫人がカウンターで出迎えてくださった。ホテル入口近くには、車が止まっていて、ご主人B氏と同乗のT氏にも紹介される。H夫人とはあいさつを交わしただけで、そこで別れ、B氏の運転で一路チオを目指した。一日中、雨にたたられた前日とちがい、今日は、すこし雲が残るものの、見事な快晴で、運転のB氏のハンドルさばきも軽快で、気持ちがいい。

途中から山道に入り、カーヴが多くなるが、道が急に狭くなったり、対向車があっても速度をゆるめず、B氏は相当なスピードで飛ばしていく。おそらく何度となくチオには来ていて、山道を熟知しておられるのであろう。そのスピードが気になるのか、助手席のT氏がここは「カナカ族時間」[4]だから、そんなに急ぐな。三十分くらい約束の時刻には遅れてもかまわない、とちゃちゃをいれる。

B氏は、どうなっても十時の約束をまもりたいようだ。ほぼ約束通りの時刻にチオ村役場のある村の中心に着いた。約束というのは、正式ガイドではないようだが、チオのニッケル鉱山の、村役場の横にある陳列室の説明役F氏と落ち合う手筈のことである。

はっきりとした年齢はわからないが、七十くらいのF氏は、古い手製のアルバムをめくりながら、われわれ三人に早口でチオ鉱山について説明をしてくださった。アルバムの最初のページには自分が書いたという文章が掲載されていたが、ノートにとれる量ではなく、これはとくに重要な文献[5]なので、無理を言ってコピーをお願いした。他にもコピーを取ってもらいたい資料もあったが、そこまでは言いかねた。

同じアルバムの古い写真を見せながら、F氏は、日本人契約労働者は、一日につき、一トンのニッケルを採掘しなければならなかったと説明。よく見ると写真の下に「チオでは仕事はきつかった」とフランス語で書かれている。

古写真の一枚には、「チオの五民族の橋へ乗り入れ禁止。一八九八年」とある。F氏によると、日本人、中国人、ジャバ人、インド人等には、乗馬か、自転車での橋への乗り入れが禁止されていたとのこと。

別の写真には、白人労働者に交じって、「足袋」(地下足袋であろう)を履いた日本人の労働者が写っていたし、さらに裸足で働くジャバ人女性の姿も見える。

しゃべりまくるF氏からは、日本人労働者は、欧米人とおなじように扱われていた、と彼らを持ち上げる言葉も出たが、小林忠雄氏の著書でその実態を知っているわたしには、額面通りにはうけとりがたかった。当時、いろいろな国から契約移民が来ていたのは、事実であるが、その後、ニューカレドニアの有名なニッケル鉱山のチオまで見学に訪れるのは、日本人が圧倒的に多かったにち

「日本人此の地到着 100 年を記念して」(撮影・市川)

がいないからだ。そのため、F氏は目の前の日本人相手にそのような説明をされるようになったではないだろうか。

F氏の説明はながながと続き、現在でもニッケルの用途は多岐にわたっており、大は航空機にはじまり、小は箸（中国）やコイン製造に及んでいると解説された。最後にF氏はここで採掘されるもののなかでも緑色のニッケルは貴重で、日本では鉄と組み合わせ、「minerai japonisable」と称されていると言いながら、緑色のニッケルのかたまりと地下で採掘されたニッケル原石を、お土産として贈呈してくださった。手にもつと両方で一キロ以上はあると思われる贈り物だったが、お断りするわけにもいかず、東京に持ち帰った。

その後、チオ中心部からやや離れた風光明媚な場所にある日本人墓地を訪れた。中央に日本語で書かれた立派な「慰霊塔」が建つ。個々の墓石を

十字架も見えるチオ村墓地(撮影・市川)

ひとつずつ見て回ったが、いずれも腐食がすすんでいて、日本語表記は判読しがたいものが多かった。日本人の墓が大半を占めていたが、それらのひとつに氏名までは判読できなかったが、生年から逆算すると、二十代で落命した日本人の墓石もあった。F氏作成の文献によると、「日本人の食事は主として魚、野菜と米だった。日本の米と比較するとカロリーに乏しい現地米だったため、その食生活は鉱山の重労働にはバランスを欠き、多くの若者の死につながった[5]」とある。

日本人の墓の奥に、一見して、日本人のそれとは異なる墓が並んでいる。帰国してから読んだ朽木量氏の研究書では「『日本人』と特記した個人の墓標はティオに一例あるのみ[6]」とあるが、そこまで調べる時間的余裕は持ち合わせていなかった。あきらかにカトリックの十字架をつけた墓や日本人とは別の漢字で書かれたものもあるが、後者は中国語表示の墓のようであった。

わたしが首をかしげていると、その表情を読まれて、ここぞとばかりにF氏は、これらはマカオからの中国人、フランスの租界だったインドのポンディシェリー等からのインド人の墓であろうと説明された。マカオからの中国人は、ポルトガル語、ポンディシェリー等からのインド人はフランス語が話せたから、かれらはフランス人経営のニッケル会社と契約労働者との間の通訳をかってでたのであろうとのことだった。

この墓地からは、日本人鉱山労働者が採掘に従事したニッケル鉱山を臨めたが、遠方にそびえる山々はチオ村からはかなり離れている。仕事場に到着するだけでも、相当な労力を要しただろうと、わたしは彼らの艱難辛苦をしのばずにはいられなかった。

日本人移民来島百二十周年記念行事と彼らの辿ってきた道

ニューカレドニアへの日本人移民来島百二十周年を祝し、開催された日本人慰霊碑の落成式(チオ村墓地)について、地元新聞「ニューカレドニア・ニュース」(Les Nouvelles calédoniennes)は二度にわたり報じている。記事は「先人に敬意を表して」(二〇一二年十二月八日付)と「記憶にとどめる義務」(二〇一二年十二月十五日付)と題されて、いずれの同じグザヴィエ・エロー記者が執筆していた。(7)

記事によれば、この慰霊碑には、ニューカレドニアで亡くなった日本人(一八九二〜二〇一二)

二二三名(朝日新聞の記事[8]では二三九名)の名前と出身地がフランス語と漢字で刻まれている、とのことである。日本人移民の戸籍と移民協会の古文書を手がかりに、この気の遠くなるような作業にあたられたのは、成安造形大学准教授、津田睦美氏だった。ローマ字表記(音読)から、日本人移民の氏名(漢字)を割り出すだけでも並大抵の仕事ではない。なんと、同氏には『マブイの往来――ニューカレドニア―日本　引き裂かれた家族と戦争の記憶[9]』と題された著作があるのを本稿の初校ゲラの出た段階で知った。

わたしの知る島在住の日系フランス人は十指にもみたないが、なぜ彼らが過去を語りたがらなかったのか。逆にわれわれ日本からの訪問者たちも彼らの「負」の歴史を気軽に彼らに質せないのか。津田氏の労作を読むと、こうした不明朗な部分は、すべて氷解する。

著者は、一九〇五年に来島した比嘉伝三(一八八一～一九四三)と家族の島での生活に焦点をあわせ、日本人移民の悲劇を辿っている。沖縄名護の出身で、他の日本人移民と同様に、比嘉はニッケル鉱山の「出稼ぎ」としてニューカレドニアのチオに渡来したが、翌年、脱走して島の北部(コカンゴン)で職業(高瀬貝の採取やコーヒー豆栽培等)を転々としたという。

単身赴任の比嘉は、友人が決めてきた縁組で、カナカ族酋長の娘ローラと結ばれ、四男四女の子宝にも恵まれた。仲睦まじかった夫婦とその家族の生活が一変したのは、一九四一年の日本軍によるハワイ真珠湾の奇襲攻撃だった。この日を境に日本人移民は所有する土地・財産を島当局に没収された上、男性は敵性外国人として連行され、島の収容所(現在はヌーヴィルと呼ばれている場所で、当時はヌメア対岸にあったヌー島。いまはそこに大学がある）に集められた後、オーストラリアに強制移送されたという。

オーストラリアの強制収容所に抑留中、比嘉伝三は、病をえて、第二の故郷ニューカレドニアの地を二度と踏むことなく他界した。

著者は、比嘉の次女オデットと三女セシルと知り合い、母親ローラから直接聞いたことを元に、島の戸籍と移民協会の古文書に欠落している部分を補完し、さらには比嘉の出生地沖縄名護市史編さん室まで赴いて、比嘉一家をまつわる史伝をえがいている。

このように島に残された日系三世が辿った来歴から彼らの大半は日本語を話せない。目鼻立ちは東洋系なのに日系一世の母語からはるかにかけ離れてしまった彼らを悩ませてきたのは己のアイデンティティだったにちがいない。わたしの知る限りでも、戦前の日本といえば、安物の粗悪品を輸出する国として、長らく海外では悪名が高かった。「この日本人に対する差別から二世たちが解放されるようになるのは、日本が高度成長期を経て豊かで平和な国のイメージが定着しはじめた頃からだろう。日本は先進技術を誇り、島内に日本車が走り、日本製の家電製品が家庭で使われるようになった。それは、勤勉実直だったという、あの頃の日本人移民たちの姿と重なったことだろう[10]」と著者は指摘する。

この点はなにもニューカレドニアの日系人に特有なことではなく、第二次大戦中リヨンに残留した唯一の日本人、瀧澤敬一氏の長男アンリ・タキザワさんや三世のセシルさんについてもいえることであろう。アンリさんはリヨン大学医学部ご出身のエリートで、ニューカレドニアに来島した日本人移民とは同日に論じることはできないが、リヨンで開催される日本会に長らく参加されることはなかったと仄聞する。さらには一九二八年に父と一緒に里帰りした際、東京で周辺の住民から「異人さん」と言われていたと生前にわたしに話して下さった(アンリさんはその他の日本語を話されることはほんどなかっただけに、覚えておられたその古い日本語自体はそれだけ強烈な印象となって同氏の脳裏に残っていたにちがいない)。

なお、著者は、ニューカレドニアには日本語による歌謡、俳句の文化はないと書いておられるが[11]、これはブラジルの日系人によるその方面の長い伝統を踏まえてのご指摘であろう[12]。

最後に、ふたたび地元紙記事に戻れば、ニッケル鉱山労働者として、一八九二〜一九一九年の間に、計五、五七五人の日本人が来島した、という。

二〇一二年十二月十四日にチオ村墓地での慰霊碑落成式に参列された駐フランス小松一郎日本大使は、「今日、チオの日本人慰霊碑落成式に参列するのはこの上なく名誉でことであり、感銘している」と祝辞を述べられた、と同じ記事は伝えている。

わたしのニューカレドニア訪問はわずか二回にすぎない。いずれも「駆け足旅行」で滞在期間も一週間程度だった。それでもチオ訪問の他に、もう一つ目的をかかえていた。それは、パリ・コミユーンにおいて自治政府側で戦ったために、軍事法廷でニューカレドニアへの流刑に処された未来のアナーキスト＝ルイズ・ミシェル（一八三〇〜一九〇五）の足跡を追うことであった。その監獄があったとされるデュコ（Ducos）まで車で案内してくださったのは、日本名誉領事のMご夫妻だった。かつてはデュコは半島で、その対岸にヌー島が臨めたということであったが、現在、二つの場所は陸続きになっていた。デュコもヌメアに近いため、工業地帯に様変わりしていて、人口も八千人以上になったという。こういうわけで、ルイズ・ミシェルが拘留されていた場所は跡形もなく消え失せていた。その意味ではデュコ行きは完全な空振りにおわったが、ごく限られた滞在日程の中で、かなり遠方のチオ村への駆け足旅行が実現できただけでも最大の収穫があったと言わざるを得ない。

注

（1）「日仏文化交流史研究の先達　高橋邦太郎先生をしのぶ」（日本仏学史学会、一九八四年）本誌三十八号掲載の小林論文は仏文でも紹介されている。Keiko Raulet-Akaza,《Taichi Ono (1842-1893) et la première émigration japonaise en Nouvelle-Calédonie》 dans *Bulletin* No.171 (2012). Société d'Etudes Historiques de la Nouvelle-Calédonie. pp.2-21.
（2）小林忠雄『ニュー・カレドニア島の日本人　契約移民の歴史』（緑地社、一九七七年）。
（3）前掲学会誌十四号、一六頁。
（4）本書第七章、一二七頁を参照されたい。
（5）Maurice Fels,《Les Japonais à Thio 1892-1941》（私家版）
（6）朽木量『墓標の民俗学・考古学』（慶應義塾大学出版会、二〇〇四年）一九八頁。
（7）*Les Nouvelles calédoniennes* du 08/12 et du 15/12/ 2012. これらの切り抜きを郵送してくださったニューカレドニア日本名誉領事M夫人のご厚意にたいして、この紙面を借りて深謝したい。
（8）大阪版二〇一二年十二月十五日付。

（9）（人文書院、二〇〇九年刊行）。これにはフランス語版（Mutsmi Tsuda, *Ames Errantes-Le destin brisé des emigrants d'Okinawa en Nouvelle-Calédonie*, (Madrépores, 2012）があり、この仏語版からわたしはオリジナル版の存在を知った。

（10）*Ibid.*, pp.145-146.

（11）*Ibid.*, p.148.

（12）第一回ブラジル移民七八一名を運ぶため、笠戸丸がサントス港に着いたのは、一九〇八（明治四十一）年だった。これについては、石川達三『最近南米往来記』（中公文庫、一九八一年）に詳しい。なお、細川周平『遠きにありてつくるもの―日系ブラジル人の思い・ことば・芸能』（みすず書房、二〇〇八年）および同『日系ブラジル文学I』（みすず書房、二〇一三年）には、国情も生活環境も異なるブラジルで日本固有の「文化」がどのようにかかわっていくか多数のその具体例を見ることができる。

第九章　比較翻訳論の試み──フランス人の翻訳観を中心に

［本拙稿には英語版(CD-rom),《Further Thoughts on Translation in Japan as Compared with the French Tradition》Jean Delisle / Gilbert Lafond 編、*History of Translation*. (University of Ottawa, 2004) もある。］

ジョージ・スタイナー(G.Steiner)によれば、九〇パーセントの翻訳は欠陥翻訳だ[1]という。翻訳の出来不出来をめぐって、「こんな翻訳読みたくない」等をはじめとする翻訳論議が声高に叫ばれるわが国では、ヨーロッパにおける翻訳問題の第一人者によるこの指摘は計り知れないほどの重要な意味をおびてくるにちがいない。

ただ、わたしの知りえた狭い範囲でいえることは、歴史的に見ると、原文に忠実な翻訳だけが過去に影響力をもったかというと、必ずしもそうとはいえないらしいことなのだ。この点については、後で何回かふれてみたい。

さて、幕末・明治期の日本では、西欧の先端技術や哲学・思想文献の邦訳がこの国の近代化に重要な役割を果たしてきた。外国語の原語に相当する翻訳語が存在せず、また新語の練り上げが追いつかなかった時期の翻訳には数々の「ひずみ」がつきまとったが、この点にかんして、わたしは最近、別の論考で論じたばかりなので、委細をそれに譲りたい。(2)

そういうわけで文明開化の時代には翻訳の成果が国運を左右しかねなかったという社会背景もあって、翻訳の問題を論じた書物は枚挙にいとまのないほどだ。

とはいえ、千野栄一がいうように「翻訳の問題を言語学の立場から調べたものはごく限られてい」(3)たし、近刊の翻訳の理論書でも平子義雄が指摘するように、翻訳の問題を理論的に扱った研究書は寥々たるものである。(4)というのもわが国で出た翻訳論は、往々にしていかに訳すかといったハウ・ツーものになるか、翻訳本の欠陥等を指摘した「誤訳論」になることが多かったからである。

わたしがこれまでに気づいたことは欧米人、とりわけ、フランス人の翻訳観は日本人のそれとかなり異なるような気がするので、以下のページでいくつかの特徴をわたしなりにまとめてみたい。

フランスにおける「不実な美女」Les Belles infidèles の伝統

冒頭でふれたジョージ・スタイナーによるとフランスで翻訳論があいついで出たのは、ヨーロッパにおけるラテン語世界の解体に関係があったという。(5)大雑把にいえば、ラテン語はルネサンス期以降、衰退の道を辿ったとはいえ、学問語としてのこの古典語はヨーロッパでは十八世紀末まで命脈を保ったのだった。

ルネサンス期は、フランスでは後世に影響力をもった優れた翻訳者が活躍した時代である。その代表格を具体的にあげれば、エティエンヌ・ドレ(Etienne Dolet 一五〇九～四六)がおり、彼は『ある言語から別の言語にうまく訳す法』(La manière de bien traduire d'une langue en l'autre, 1540)を著し、いわゆる逐語訳に反対の立場をとった。そのドレに続いた名訳者にジャック・アミヨ(Jacques Amyot 一五一三～九三)がいるが、彼はプルタルコス『対比列伝』(一五五九～六五)やロンギス『ダフニスとクロエ』を仏訳した。アミヨの方法は原文をカットしたり(「減訳」)、原文にない語を補ったり(「加訳」)するところにその特徴が見られるが、彼の意図するところはいかに原意を読者に伝えるかであった[6]。

古典主義時代(十七世紀)にはいるとフランスでは劇作の理念でもそうだったように、翻訳の領域でも読者に「気に入らせる」ことを重視した(アンリ・ヴァン オーフ Henri van Hoof の『西洋における翻訳の歴史』[7]による)。こうした翻訳者の代表格としてダブランクール(Nicolas Perrot d'Ablancourt 一六〇六～六四)の名が挙げられる。フランス人の翻訳方法をめぐって、原文から離れてはいるか、読みやすい訳には《不実な美女 Belles infidèles》なる呼称が生まれたが、この表現はヴァン・オープによれば、ニコラ・ペロ(Nicolas Perrot)の翻訳を批判したメナージュ(Ménage 一六一三～九二)に由来する、という[8]。

この間、アミヨの「加訳」や「減訳」を批判したド・メジエール(Gaspard Bachet de Mézière

一五八一〜一六三八）の翻訳論も出現したが、フランスの翻訳事情は現在にいたるまで《不実な美女》の伝統を大筋で受け継いできているのではないだろうか。

十八世紀におけるフランス人の翻訳観（1）

長らく旧パリ大学で十八世紀フランス文学の講座を担当したダニエル・モルネ教授は十八世紀初頭からフランス人が外国文学に一層の興味をしめしだしたものの、彼らの重んじる礼節の故にフランス人は外国文学から影響をまともにうけることはなかったと指摘し、このように述べている。

「これ［外国熱への熱狂］は本当のところ何も作り出さなかったし、何かを取り壊したわけでもなかった。読まれ、称賛され、模倣された外国作家は、すべて、議論され、修正され、しばしば骨抜きにされた。フランス精神は既に考えていたことしか彼らから借用しなかったし、昔からの趣味に合致したものしか享受しなかった(9)」。

その結果、フランス流の翻訳方法によれば、「イギリス人の――あるいは中近東の人たちやスカンジナビヤ諸国の人たちの――作品を翻訳するたびに、彼らだけがもっている特有の外国的なもの、スウィフトをスウィフトたらしめ、オシアンをオシアンたらしめているものは翻訳されなかった(10)」とモルネは説明する。

これを一言でいえば「翻訳は終始翻案だった(11)」と彼は結論づけている。

そのモルネの言及した十八世紀にイギリス文学の仏訳で活躍した人として名作『マノン・レスコ

ー』(一七三三年)のアベ・プレヴォーの名が挙げられる。プレヴォーは、英国の小説家サミエル・リチャードソンの訳者として知られていて、一七五一年に『クラリッサ・ハロー』を、一七五三〜五四年には『グランディソン』の翻訳を世に問うた。けれどもイギリスの十八世紀研究の権威、ロバート・ニクロースは「『クラリッサ』の場合と同じく、彼は数々の省略をし、リチャードソンをフランス人に受け入れられるようにしようとして感情的・肉体的な暴力シーンを和らげた[12]」と指摘した。

プレヴォーによるリチャードソンの仏訳は、かなり大胆な加訳や減訳の故に知られるが、英語の読解力がなかったルソーは、当時の「不実な」仏訳を読んで多大の影響を受け、書簡体の傑作小説『ヌーヴェル・エロイーズ』(一七六一年)を書き上げたのである。

拙論の冒頭で、原文に忠実な翻訳だけが大きな影響力をもちうるわけではないと述べたが、ルソーの場合もその一例だった。

十八世紀におけるフランス人の翻訳観(2)

逆に英語のテクストを原語で読めたフランス人としては、シェークスピアをこの国の読者にはじめて紹介したヴォルテール(一六九八〜一七七八)がいる、この文豪にしても『ハムレット』の台詞

"To be or not to be, that is the question."

の仏訳に苦労し、この部分を次のように仏訳した。

“Demeure; il faut choisir, et passer à l'instant/De la vie à la mort, ou de l'être au néant.”[13]

因みに、この箇所は林達夫の邦訳ではこのようになっている。

「とどまれ、と、二つに一つ。ひと思いに踏み越えて行くか、生から死へ、有から無へ、と[14]」。

現代の日本の読者からこんな訳はあるか、という文句が直ぐさま聞こえてきそうであるが、このような訳が生まれた当時の文学的・美学的な要請も考慮しなければならないだろう。つまり、古典主義時代のフランス文学では劇作には幾重もの法則が課せられていたばかりか、とくに悲劇はアレクサンドランの押韻で書かれねばならなかったのである。そして、このような形で書かれたものしか、劇作品とはみなされなかったという事情があった。

因みに、時代は下り、ロマン主義時代にシェークスピアのこの部分を仏訳したフランソワ＝ヴィクトール・ユゴー(François=Victor Hugo)はあっさりと“Etre ou ne pas être, c'est là la question”とほぼ直訳をしているのである。[15]

同じ十八世紀には『百科全書』(一七五一〜七二)の刊行で有名なディドロが若い時に手掛けたシ

ャフツベリーの仏訳『人間の真価と徳』がある。その昔、わたし自身その仏訳を原典と突き合わせたことがあったが、仏訳のどの部分が原文に相当するのか探しあぐねた結果、ディドロの序文を読んで驚いた思い出がある。彼は次のように書いていたのだ。

「私はシャフツベリーを何回も何回も読んだので、彼の精神で私は満ちあふれてしまった。私がペンを取った時、いわば彼の本を閉じたのも同然だった[16]」と。

なお、ヴォルテールは先ほど引用した『ハムレット』の仏訳に自らコメントをつけ、「私がこの翻訳で英語を一語一語直訳したとは思わないでほしい。文句をいちいち直訳して、原意を弱めてしまう逐語訳をする者に呪いあれ。こんな場合にこそ、文字は殺し、精神は活を入れる、ということができるのだ[17]」と言っている。また、シェークスピアに次いで自ら試みたアレクサンダー・ポウプの詩の仏訳に先立ち、このようにも言っている。

「次に掲げるのは、彼の詩『髪ぬすみ』の一節であって、例によって例のごとき自由さで私は訳し終えたところだ。というのは、またしてもいうが、私は逐語訳ほど愚なことはないと思っているのである[18]」。

ディドロの場合は翻訳論を述べているわけではないが、先ほど言及したシャフツベリーの仏訳の際に彼が採用した方法は全き自由訳だったし、ヴォルテールの場合は、かなりはっきりと逐語訳に反対を表明していた。

十八世紀におけるドイツ人の翻訳観——ゲーテからシュレーゲルへ

周知のように、十八世紀のドイツの文学者たちは、ゲーテをはじめ、その友人のシラーやレッシングらもフランス語を原語で読めた人たちだった。

ゲーテ自身はディドロの傑作『ラモーの甥』（原文 Le Neveu de Rameau は一七六二年頃、起稿。ゲーテ訳 Rameaus Neffe は一八〇五年にライプチヒで刊行）や『絵画論』[19] Versuch über die Malerei（一七九九年）を独訳したことで知られている。レッシングにいたってはフランスでそれほど受けなかったディドロの劇作を独訳して、大成功をおさめたばかりでなく、ディドロの劇理論をドイツでは市民劇運動にまで高めたほどである。

最も新しいドイツの翻訳史を書いた専門家[20]によれば、ドイツではフランス語・フランス文化の影響はフランス語以外の外国文学の翻訳の領域にまで及んでいて、英語のテクストを独訳するにも仏訳が用いられたという。やがて、仏訳を介して行われる翻訳にひずみが生じることにドイツ人が気づいた結果、ドイツの国民文学が形成されるのは、フランスの羈絆からの解放後だった、と分析している。

日本でもドイツ人が Kultur に託す歴史的な意義について三木清が次のように明快に言っている。

「[……]ヨーロッパの歴史に於きまして、近代的に先駆的な意味をもったのは、イギリス或いはフランスという国である。ドイツはその近代文化の発展に於いておくれたわけである。そういう点からも又政治的な勢力としてもイギリスの世界経済に於ける支配的な位置の確立があって、そのイギリス或いはフランスなどの勢力に対してドイツが如何にして自分の固有性を主張するか、つまりそういう先進国に対して後進国が如何にして自分の位置を主張するかという場合に、自分の文化を特にKulturと称して他のつまり英仏的な文明というような概念を軽蔑し一滴下に見るというような考え方を作ってきたわけである。[21]

ヨーロッパの近代化において出足が後れたドイツ人が、独自性を発揮したかったのが文化の領域であったとするとその翻訳観にもそれが見られるのだろうか。

以下の記述もフランスの専門家の書いた研究書[22]を駆け足で紹介するにすぎないが、ドイツ人の翻訳観において特徴的なことは、翻訳もひとつの文化的営為とみなされたことだった。つまり、いわゆる「教養小説Bildungsroman」を完成させた国柄だけあって、翻訳も「自然の言語Natursprach」を「芸術の言語Kunstsprache」に高めるだけではなく、このような仕事に携わる人は、そうすることによって自らも教養人を育成すると考えられたことだった。

こうした翻訳の理論ならびに実践おいて大きな役割を果たした人に、天才的な言語学者シュレーゲルAugust Wihelm Schlegel(一七六七～一八四五)がいた。シュレーゲルの訳した「ドイツ語のシェークスピアは英語よりも優れている[23]」と称されるほどだという。

シュレーゲルの理論を単純化するのは容易ではないが、彼によればテクストとは形式と内容からなる統一体(組織的芸術形式organische Kunstform)なので、細部も全体に関連する。ということは細部を歪曲すれば統一体を壊しかねない。したがって、訳者は客観的に最大限の努力をすると同時に、読者にたいしては、翻訳ではなく、ドイツ語原文を読むような印象をあたえるようにしなければならない[24]、とシュレーゲル説を要約できよう。

いずれにせよ、シュレーゲルの翻訳論は目標があまりにも高いものであることは否定できない。ただ、彼の理論は英語とドイツ語あるいはイタリア語とドイツ語といったヨーロッパの隣国同士の言語間だけではなく、ヨーロッパ語とは血族関係のない、たとえばアジアの言語とドイツ語との間でも適用されるという問題だったのかどうかを問う作業は専門家にゆだねたい。

なお、同時代のドイツにおいては「翻訳不可能論」を唱えたフンボルトにも言及すべきであるが、この点については前出の平子義男の要約を参照されたい[25]。

日本における独自の翻訳事情――欧米との土壌の違い

ヨーロッパにおける翻訳事情をわが国の翻訳の伝統と比べてみると、そこには全く異なった風景が誰の目にも映じてくるはずである。

というのも、ヨーロッパ諸国では外国といっても隣同士という国々が多いからであり、国境に接した地域に住む人たちは、隣国の言語を外国語として学ばなくともテレビやラジオで自然に覚えてしまうこともよくあるからである。そのうえ、政治上の亡命者が多数住むフランスやスイスでは、彼らの二代目は二カ国語や三カ国語使用者に生まれ、育つ場合も多い。

さらには、フランスに限るわけではないが、ヨーロッパでは翻訳の仕事はしばしば原作者と訳者との共同作業で進められて、名訳を生むことも多かった。たとえば、コンラッドとアンドレ・ジード、リルケとM・ベッツ、ジョイスとヴァレリ・ラルボー等といったように。

わたしの言いたいのは、ヨーロッパ人の翻訳論といえば、そのような共通の土壌から生じる隣国語間の翻訳が問題になることが普通である。言語学の領域ではじめて翻訳の問題を取りあげたG・ムーナンの労作でもヨーロッパ語問で翻訳が可能なのは、「この言語領域の文化は比較的同質的である」[26]という背景が強調されていた。また、最近のE・コセリュウによる優れた論考でも翻訳はある言語の「等価のもの」を別の言語に転換することと考えられているが、それが可能なのもヨーロッパ語同士に限られているようだ[27]。

さらには、ヨーロッパの教養人の大半は、外国語の素養が皆無というケースは極めて珍しい。したがって、翻訳にたいする関心も日本のように細部にこだわることではなく、その文体や読みやすさを重視することが多い。つまり、翻訳に対するチェックはむしろ甘くなるとみるべきであろう[28]。最後に、ヨーロッパで刊行される翻訳では日本のように訳者の名前が原作者と同等に並ぶことはまれである。つまり、翻訳者の仕事がそれほど評価されない伝統がある。

現に、日本ではよく知られたロシア文学の英訳者がガーネット(Constance Garnett 一八六四〜一九四六)、スタンダールやマルセル・プルーストの名訳者スコット＝モンクリーフ(Charles Kenneth Michael Moncrieff 一八八九〜一九三〇)や『源氏物語』の英訳者ウェーリー(Arthur Waley 一八八九〜一九六六)も英国ではほとんど知られていないという[29]。フランスでもその事情はほぼ同じであることをG・ムーナンも指摘しているが、[30]しばしば原作者と同じ活字で訳者の名前が並ぶわが国での評価はことのほか高いと言わねばならないだろう。

日本における独自の翻訳事情——重訳(その2)

さて、平安時代以来の「漢文訓読」の伝統については、後日を期したいが、わが国の近代における翻訳事情を一言で要約すれば、幕末・明治期の翻訳は近代化に必要であったから営々と続けられてきたといえる。鎖国中、オランダ語の文献を解読するのに「漢文訓読」の方法が適用されたが、幕末に蘭学が衰退し、近代化に一層必要な英学にとってかわられた時にもこの方法は活かされた。文明開化期には近代化に不可欠の翻訳が先行したので、本村毅も指摘するように、「文学の翻訳は最もおくれた[31]」のだった。

ロシア文学の優れた紹介者にして、言文一致運動に先鞭をつけた二葉亭四迷にしても文学は男子一生の仕事にあらずとの言葉を残したことで知られるが、南下政策をとるロシアにどうのように対処するかが、以後彼の最大の関心事になっていくのである(桶谷秀昭『二葉亭四迷と明治日本』文藝春秋社、一九八六年刊を参照)。

二葉亭の頃には、欧米文献の中身を翻訳を介していち早く知るかどうかは、場合によっては新生日本の国運を左右しかねなかった。したがって、日本の初期の翻訳者たちは、翻訳に適さない「ヤマト言葉」を捨て、本来なんの繋がりもない経典や漢文を頼りに欧米語の技術や哲学語にあてはまるような造語をした。けれども柳父章が一連の著作で執拗に指摘するように、このようにしてつくられた新語 signifiant は往々にして中身 signifié を欠くものだった[32]。そして、重要なのは、翻訳とは本来直接日本語で書かれた作品と異なるという固定観念が日本人のうちにいつの間にか定着しはじめ、細かい点でいえば、翻訳語は日常の日本語とは別物と考える発想も生まれたことではないだろうか。

この点は「不実の美女」の伝統が長らく続いたフランスの事情とわが国の事情は正反対であるようなので、ここで強調しておきたい。

もうひとつ他の国ではあまり見られない翻訳現象(といっても中国や韓国でもそれらしい事情があったようだが)が日本では長らく続いたことを指摘しておこう。つまり、原作を元の言語から翻訳せずに、主として英訳を底本にする重訳のことである。

谷崎潤一郎も重訳の熱心な読者だったと回想している。「私が外国文学を愛読したのは、もう何十年も昔のことであるが、その頃の翻訳は、フランス文学にしても、ロシア文学にしても、殆ど英訳からの重訳であって、今から思えば随分乱暴なものであった。それに翻訳されるものも今ほど多くはなかったので、罪と罰やアンナ・カレニナなど皆争って英訳に依って読んだ[33]。[……]」けれどもさすがに谷崎だけあって、同時に重訳のもつ欠陥にも気づいていた。「彼等(今の日本の青年)のこの該博な世界的知識は、皆恐るべき悪文の翻訳に依って得られるのである。私も少しばかり仏蘭西語を稽古した時分に、原文のモウパッサンを読み、今まで翻訳で読んでいたモウパッサンとは大変な相違なのに驚かされたことがあったが、今の青年の知識と言うのは、皆翻訳のモウパッサンなのである。無論翻訳でも知らないよりは知る方がいい[34][……]」。

谷崎もいうように、この現象は大正十年代頃まで、とりわけ、ロシア文学の翻訳に著しかったが、フランス文学でもごく普通に行われ、訳者らには重訳に対する問題意識もなかったようだ。ここでロシア文学およびフランス文学の両方の重訳に係わった作家の広津和郎の証言を引いてみよう。

「その頃（大正四年＝一九一五年）、植竹書店―先に私の『女の一生』を出した本屋―に翻訳部が出来て、鈴木悦を主任として五、六名でトルストイの『戦争と平和』の翻訳をやっていた[35]」と広津和郎は回顧している。

いま私の手元に彼が重訳したモーパッサン『美貌の友（ベラミイ）』（天佑社、大正十一年）があるが、これについて広津和郎は「『ペラミ』で小一万かせいだ[36]」とも述べている。広津は、前出の『女の一生』を大正三年（一九一四）に英訳から重訳したが、こちらは昭和二十八年（一九五三）に角川文庫に入り、わたしも持っている文庫版は三十一刷と記されていることから、原語訳よりもはるかによく売れたのであろう。

なお当時、早稲田の文科出の人たちが重訳で活躍した背景には、潤一郎の実弟、谷崎精二がその雰囲気を伝えている。

「あの頃の早稲田の文科は、英語を通じてヨーロッパの文科を学ぼうという目的で入学したので、純粋に英文学を研究しようという学生はきわめて稀だった[37]」。

最後に、ロシア文学の専門の立場から、江川卓はこの点について、昇曙夢、米川正夫、中村白葉のようなロシア畑の翻訳者が揃った大正初期にも重訳者との共存状況が続いたといい、その原因を(1)日本におけるロシア文学の魅力の先行と(2)ロシア語人材の絶対的不足に帰している[38]。とはいえ、同じ論考で江川が的確に指摘するように「重訳を抜きにしてロシア文学の日本への伝来を語ることはできない[39]」というのも動かしがたい事実なのだ。

この点にかんして、後にトルストイらをロシア語原文から翻訳して大家のひとりに伍す中村白葉自身の回想がある。

「そのころまでに訳された作品は、シェークスピア、スウィフト、スコット(英)を筆頭に、ユーゴー、デュマ、ヴェルヌ(仏)、シルレル、ゲエテ(独)」から、ボッカチヨ(伊)、プーシキン(露)に及び、かなり壮観だったといえる。しかし一面、諸外国語がまだそれほど普及していなかった時代だけに、原書の多くを英訳書に求めて、それからの重訳であった点は見のがせない[40]」。

[補注。ただし、中村白葉が挙げているヴェルヌだが、重訳全盛時代に先駆けて、川島忠之助(一八五三〜一九三八)が早くも明治十一年にジュール・ヴェルヌの直接訳を『新説八十日間世界一周』と題して出版した大例外があった。これについてはプロローグですでに言及した。]

わが国におけるこの重訳問題を回想しても、原文に忠実な訳だけが影響力をもつのではないという翻訳が果たす不思議な役割の一端を見ることができよう。

近代日本における翻訳の問題

前節で大正の初年期に盛んだった重訳に言及したが、これにはインド・ヨーロッパ語間のように相互の関連性をもたない日本語の場合、翻訳というと別の言語体系に属するテクストを日本語に訳すのであるから、ロシア語のケースのように翻訳者の絶対的不足を一時的に凌ぐ手段としての重訳という特殊な現象を生んできたわけだ。翻訳の問題を論ずる際には、各国にはそれぞれの事情があるわけだから、わたしはここで強調しておきたいが、日本の重訳現象が悪いといっているのではない。

重訳にしろ、誤訳や珍訳を含む欠陥翻訳にしろ、なにがその後に大きな影響力を及ぼしたかを重視するなら、明治初年期のサミュエル・スマイルズの *Self-Help*（一八五九年）を当時の旧士族向けに翻訳した中村敬宇訳『西國立志編』やアーサー・シモンズ著・岩野泡鳴訳『表象派の文学運動』（大正二年、新潮社刊）[41]が果たした役割のプラス面を評価しなければならないだろう。

前者については、当時の翻訳事情を考慮すれば、中打敬宇訳に「加訳」や「減訳」を指摘するのが全く無意味な研究と考える者ではない[42]。けれども、版籍奉還（明治二年＝一八六九年）から秩録処分（明治八年＝一八七五年）にいたる過程で封建的主従関係が突然、崩壊し、従来の倫理感を失った旧士族に中村の訳業がプロテスタント的自助の精神を教え、新しい世界観を与えたところにむしろその意義を見いだすべきではないか、とわたしは考える。

また、後者にかんしては、悪訳の誉れの高い（？）泡鳴訳のアーサー・シモンズ『表象派の文学運動』といえども、河上徹太郎が告白するように、「［……］いってみれば私は、最も決定的な時期に正にこの書によって形成されたのである。当時、私の交友は、唯、小林秀雄と中原中也の二人に限られていた。三人は専ら、この書の語彙を以て会話をした[43]」と川村二郎が引用する証言のほうを重視すべきではないだろうか。

岩野泡鳴自身が、翻訳の際の意気込みを「斬新な語法を開拓しようとした」と述べているように、彼が実践した独特の翻訳調が河上ら昭和の前衛たちを魅了してやまなかったとすれば、影響力をもつのは忠実な翻訳だけではない、という翻訳作業に秘められる謎がここにもあるのではないだろうか。

こうした現象は、日本の翻訳事情にみられるだけではない。外国にはもっと極端な翻訳例もあることを次章で取り上げ、あわせて翻訳の役割を考えてみたい。

この章の結論としては、亀井俊介が「翻訳文学に話を戻せば、とにもかくにもありとあらゆる方面の作品が、いろんな形で翻訳され、違和感を生じもしたが、幅広く読まれ、しばしば日本文学の中身や表現を変え、富ます力にもなってきた[44]」と指摘するように、わたしも翻訳のマイナス面よりも、そのプラス面を積極的に見ていく見解に賛成である。というのも世界の翻訳史を見ても影響力をもった翻訳の中には、「とんでもない」翻訳をいくつも挙げることができるからである。

「不実な美女」がうけるいくつかの理由

忠実でない翻訳の問題で思い出すのは、学生時代に読んだ中野好夫の「翻訳雑話」(『英文学夜ばなし』所収、新潮社、一九七一年刊)である。中野が挙げる具体例として、ラブレーの『ガルガンチュア物語』『パンタグリュエル物語』を英訳したサー・トマス・アーカート(Thomas Urquhart)の「とんでもない」翻訳話をいまも鮮明に覚えている。

中野によれば、ある箇所では原作にある二十八種の悪たれが、四十種にふくれ上がっているし、別の箇所では、原作で九種類の動物の鳴き声が、六十七種(約七倍半)と大幅に付け加えられているとのことだ。アーカートによるラブレーの英訳は一六五三年から一六九四年に公刊されたという古い話だからいいようなものだが、現代ならこのような訳者はあちこちから散々にこき下ろされた挙げ句に、二度と翻訳の話にありつけないことであろう。

イギリスでも一八九三年にスミスという研究者が学問的に厳密な新訳を出したが、こちらのほうはさっぱり売れなかったらしい。中野はこの辺りの事情について次のようにコメントしている。

「[……]そもそも翻訳の真髄などというものは、案外このアーカート先生ラブレー訳の中にあるのではないだろうか。語学的な正確さももちろん必要であり、良心的な態度も肝要であることはいうまでもない。だが、要するに翻訳の意味は、(日本語でいえば)横のものをただ正確に縦にするだけでは終わらないはずである[45]」。

そして、自らも手掛けた多数の訳業の経験から、「逐語的に原文の構造を忠実にうつそうなどとは最初から考えなかった」[46]と述懐しているが、中野の翻訳姿勢は第二節でふれたヴォルテールの翻訳観とどこか似通った部分が多いようだ。

アーカートのラブレー訳の場合には、中野も指摘するように、「原作のもつ plaisanterie gauloise（ラブレー的笑い）とでもいうべきものを、見事に原作以上に移していること」[47]が英国の読者にうけたからであろうが、翻訳はまた別の理由から「加減した」訳の方がうける場合もあるようだ。

回教徒の経典『コーラン』はキリスト教徒からは敵の強みと弱さを知る必要からもいち早く西欧語に訳された書物のひとつといえる。最初のラテン語訳は、ロベール・ド・レティヌ（Robert de Rétines）により一一四二年か一一四三年に完成された。公刊されたのは一五四三年（バーゼル刊）だが、一五五〇年には再版も出ている。

他方、一五四七年にはバーゼル版からイタリア語の翻案も出て、これを基にしてドイツ語版とオランダ語版も刊行されるというように、最初の西欧語訳は十二世紀以来、何世紀にもわたり、ヨーロッパに大きな影響を及ぼしたといえる。

その間、十三世紀にラテン語の新訳が出たが、こちらの方は忠実な翻訳であるにもかかわらず、さっぱり受けずに今日まで手稿のまま残されたという。

『コーラン』のヨーロッパ語訳の場合は、原作にある他宗教の条りの扱い方に関係があったようだ。つまり、キリスト教を含む他宗教に対する否定的な面を和らげる訳になっていたかどうかが公刊される翻訳の運命を左右してきたと考えられる。

ロベール・ド・レティヌに後続する『コーラン』の西欧語訳にも同じことが言えそうで、ピエール・ベール、さらにはその後では百科全書派たちも、彼らのイデオロギーに都合のいい翻訳をもとに、回教徒やトルコ人のほうがキリスト教徒が異教徒に対するよりも寛容だったと喧伝した、と指摘されている(48)。

このように、原作に対して常に正確で、質の高い翻訳が求められることは言うもでもないが、こうした条件を揃えた翻訳がうけるかどうかは全く別の問題であることはこれまで挙げた実例で明らかであろう。

結論にかえて

最後に補足しておきたいが、これまで日本にも翻訳論や翻訳関係の論考がなかったわけではない。紙幅の関係で、ここでは戦前に刊行された本格的なモノグラフィーひとつと最近の翻訳特集を取り上げて拙論を締め括りたい。

前者は野上豊一郎『飜譯論』(岩波書店、一九三八年)であるが、この中で野上が提案した「無色の飜譯」は発表当時には相当話題になったらしい。というのも、わたしの知る限り、これについて反応を示した人がその後かなりいたからである。わたしは個人的には、理数系文献の翻訳や文系の学術論文なら無色・無臭の翻訳も可能だろうが、こと文学にかんする翻訳となると、このような形の翻訳はありえないと考えている。

最近の関係文献としてはすでに言及した雑誌『文学』の特集〈翻訳〉がいくつも興味深い論文を揃えている。たとえば田辺貞之助は、「翻訳における俗語の問題」[49]のなかで「それら[俗語的表現]は近ごろの雑誌や小説で見つけたものだから、文章上で使われているにちがいないが、果して日常会話でもつかわれているかどうか明らかでない」[50]と述べている。実はここが翻訳の際の重要なポイントで、田辺が挙げた俗語の中には現在の会話で用いられる表現がいくつもあるからだ。さらにいえば、小説や戯曲の翻訳では、原文[起点言語]の俗語、掛け詞や戯曲のせりふをいかに訳文[目標言語]に移すかが問題[51]なのであって、これまで各国の翻訳でもこの点は特に目立つことではないだろうか。

この特集でも東西の戯曲に詳しい寄稿者は一様にこの点を重視している。アイルランドの劇作家シングの翻訳にふれて、木下順二は問題点を「歴史的に標準語が確立しているヨーロッパ諸語の中での方言劇に対して、未だに標準語が確立していない日本語の場合は、問題を整合的に対応させるのがむずかしい」と説明している。また、高橋康也は洒落・地口について、また渡辺茂男は黒人方言について翻訳の難しさを指摘している。[52]

実際に直接聞いた体験談としては、ディドロの『ラモー甥』(岩波文庫版)では、ラモー甥のごろつき風の口調を日本語でどのように再現するかが最大の問題となろうが、訳者の平岡昇はさんざん苦労したが、結局あきらめた、と生前にうかがったことがある。

さらに、同じ特集号で生松敬三が「哲学書の翻訳『ハイデガー』の翻訳にふれて」において、

「哲学書の翻訳には必ず頻出する〈〜的〉および〈〜性〉、あるいは日本語としてあまり熟さぬ造語（これはハイデガーの翻訳書の場合とくに多い）をなるべく避けて、［中略］とにかく日本語として読んで分かるものに仕上げたい[53]」とドイツ畑の側から提案したのは、日頃「世界観的（?・）」等の訳語に悩まされている読者にとって吉報だと言わねばならないだろう。

周知ように、フランスではヘーゲル『精神現象学』の仏訳では、難解なヘーゲル用語を分かりやすいフランス語に移しかえたジャン・イポリットの先例が存在する。

このように考えてくると、冒頭に引いたジョージ・スタイナーのいうように、完全な翻訳はありえないとすると、今後の翻訳になにを期待すべきなのだろうか。

すでに、欧米での翻訳とわが国のそれでは問題の所在が異なることをいろいろな角度から考察してきたつもりである。ヨーロッパ人の翻訳観には日本の慣行ににわかに馴染みにくい面もあるが、今後わが国の翻訳にも望みたい点は、翻訳の日本語そのものに対して極めて寛容であった日本の読者が、その長年の習慣を断ち切ることではないだろうか。

そして繰り返しになるが、文学の翻訳の場合、「無色の飜譯」などはあり得ないのだから、渡辺一民がポール・モラン『夜ひらく』の堀口大学訳について指摘したように、その訳業が日本の読者に衝撃をあたえずにおかなかったのは、「文体の新しさ[54]」であり、「翻訳されたときその作品が本国におけるとは異なった新しい意味を持[55]」つことだ、と言えるならば、わが国における今後の翻訳が目指すべき到達点も自ずから見えてくるような気がするのである。

注

（1）George Steiner, *Après Babel / Une poétique du dire et de la traduction.* Traduit De l'anglais par Lucienne Lotringer et Pierre-Emmanuel Dauzat.（Albin Michel, 1998）.P.534.
（2）ICHIKAWA Shin-ichi,《Les problèmes de la traduction et la modernité japonaise》dans *Cahiers internationaux de symbolism.* Nos 92-93-94.（1999）.Pp.91-100.
（3）千野栄一《翻訳できるものと翻訳できないもの　言語学的見地から》雑誌「文学」編集部編〈翻訳〉一九八二年六月、二三〇頁。
（4）平子義雄『翻訳の原理　異文化をどう訳すか』（大修館書店、一九九九年）
（5）G.Steiner, 前掲書、三六一頁。
（6）Myriam Salama-Carr,《French Tradition》dans *Routledge Encyclopedia of Translation Studies.* Edited by Mona Baker assited by Kirsten Malmkjaer.（Routledge,1998）.p.410.
（7）Henri Van Hoop, *Histoire de la Traduction en Occident.*（Duculot, 1991）.p.48
（8）*Ibid.*, pp.48-49. Cf. Roger Zuber, *Les《belles infidèles》et la formation du goûtclassique.* Nlle edition revue et augmentée.（Albin Michel, 1995）.
（9）Daniel Mornet, *La pensée française au XVIIIe siècle.*（Armand Colin, 1969）.p.28. 市川・遠藤訳『十八世紀フランス思想　ヴォルテール、ディドロ、ルソー』（大修館書店、一九九〇年）三四頁。
（10）*Ibid.*, p.29. 邦訳、三五頁。
（11）*Ibid.*, p.29. 邦訳、三五頁。
（12）Robert Niklaus, *A Literary History of France / The Eighteenth Century* 1715-1789.（Benn, 1970）.p.114.
（13）Voltaire, *Lettres philosophiques.*（1734）. Ed.GF Flammarion. 引用は（Ed. René Pomeau）による。
（14）*Ibid.*, p.122. 林達夫訳『哲学書簡』（岩波文庫、一九五一年）一三三頁。
（15）Shakespeare, *Théâtre Complet.* T.II. Traduction de François-Victor Hugo.（Garnier,1961）p.768.
（16）"J'ail'ai lu et relu: je me suis rempli de son esprit; et j'ai, pour ainsi dire, fermé son livre, lorsque j'ai pris la plume." Ed.Assésat-Tourneux. T.I., p.16.

(17) Voltaire, *op.cit.*, p.122. 邦訳、一三五頁。
(18) *Ibid.*, p.143. 邦訳、一八六頁。
(19) ディドロの原作 *Essai sur la peinture.* は一七六五年頃執筆された。
(20) Harald Kittel and Andreas Poltermann,《German tradition》.pp.418-428.
(21) 柳父章『一語の辞典　文化』(三省堂、一九九三年)四四～四五頁の引用による。
(22) Antoine Berman, *L'épreuve de l'étranger.* (Gallimard, 1984)
(23) *Ibid.*, p.170.
(24) 前掲《German tradition》を参照されたい。
(25) 平子義雄、前提書、一八三頁を参照されたい。
(26) Georges Mounin, *Les problèmes théoriques de la traduction.* (Gallimard, 1963) p.217.
(27) 前掲雑誌《翻訳》特集(一九八二年)の冒頭(八頁)で、中野好夫との対談「翻訳ということ」において大岡信が「そのころ、幾つか、フランス語の[……]翻訳を頼まれて、[……]たまたま国際出版で、[……]英訳が出ると、[……]しめたと思って英訳を見ますと、これが何にも役に立だないのです。つまりこちらは日本式の翻訳を、一語一語の逐語訳をしなければならないような立場にどうしても置かれているわけですが、フランス語で、私か読んでわかりにくいなと思うところは、必ず英訳では省かれている(笑)」と体験談を語っていた。ここは、原文のフランス語を英訳したわけだから、問題の逆のケースが取り上げられている。けれども、要はこのようにかなり自由な英訳を元のフランス文を執筆した原作者が見る機会があったとしても、英訳で原意がほぼ伝達できている限り、日本人のようにめくじらを立てるようなことはないのではないだろうか。
(28) 平子義雄、前掲書、二〇〇～二〇六頁を参照されたい。
(29) George Steiner, *op.cit.*, pp.370-371.
(30) Georges Mounin, *op.cit.*, p.VII.
(31) 木村毅《日本翻訳史概観》『明治文学全集7　明治願謬文學集』三七五頁。
(32) 例えば柳父章『翻訳語成立事情』(岩波新書、一九八二年)三六～三七頁を参照。
(33) 大島鷹本の引用による。亀井俊介編、叢書・比較文学比較文化3『近代日本の翻訳文化』(中央公論社、一九九四年刊)三六八頁。

(34)同上、三七〇頁。
(35)『年月のあしおと』(講談社、一九六三年)上巻、一七一頁。
(36)同、二六〇頁。
(37)『葛西善蔵と広津和郎』(春秋社、一九七二年)一七五頁。
(38)江川卓《重訳　ロシア文学の場合》前掲雑誌、二五一頁。
(39)同上。
(40)中村白葉『ここまで生きてきて』(河出書房新社、一九七一年)一七一〜一七二頁。
(41)中村敬宇訳について川西進は「中村は、スマイルズのザビエルに関するかなり永い記事の中から、日本伝道に関する部分を省略する配慮を示した」と指摘し、具体的に原文の該当箇所と訳文を比較検討している。亀井俊介編、前掲書、九〇〜九二頁。
(42)因みに、この訳本の出来具合について川村二郎は「誤訳、珍訳、悪訳と語呂合わせのようにいわれることがあるが、さしずめこの泡鳴訳などは、三拍子兼ねた見事な実例としてあげられるかもしれない」とコメントした。川村二郎『日本語の世界15　翻訳の日本語』八一頁。
(43)同上、一六四頁の川村二郎の引用による。
(44)亀井俊介《西洋文明と「日本的」伝統》前掲書、四九頁。
(45)中野好夫、前掲書、一一四頁。
(46)同、一一八頁。
(47)同、一一一頁。
(48) Yves Gambier,《Les Traducteurs, importateurs de valeurs culturelles》dans Les *Traducteurs dans l'Histoire* sous la direction de Jean Delisle et Judith Woodworth. (P.U. d'Ottawa, 1995).pp.199-201.
(49)前掲雑誌の特集《翻訳》に限れば、高安国世(七九頁)や河野與一(三七九頁)。
(50)同上、六八頁。
(51)こうした表現を日本語で拾えば、千野栄一のあげる「ぬかに釘」「のれんに腕押し」など。同上、二三五頁。
(52)木下順二「戯曲の翻訳―主としてシェイクスピアの場合―」七一頁、高橋康也「日常語・詩的言語・ノンセンス言語」二四六頁、渡辺茂男「どうすればいいのかな?　子どもの本の翻訳　日本語と英語のはざまで」三四〇頁を参照されたい。

(53)同上、三六七〜三六八頁。
(54)同上、三八六頁。
(55)同上、三八七頁。

第十章　読書ノート――清岡卓行『マロニエの花が言った』を読む

上巻、下巻を合わせると千二百ページを優に超える大作ではあるが、この作品で詩人にして、芥川賞作家、清岡卓行（一九二二～二〇〇六）はなにを描きたかったのだろうか。

冒頭でパリに十五年間も在留した岡鹿之助（一八九八～一九七八）が登場するので、のちに藤田嗣治（一八八六～一九六八）と併称されるこの画家がメインのテーマになっていくかと思い読み進んでいくと、次はパリにおける藤田嗣治の多彩な人間関係が微に入り細をうがち浮き彫りにされる。

たとえば、藤田に比べると、岡鹿之助の画業に人物画がきわめてすくない原因のひとつは、当時、パリでは女性のモデルの確保がむずかしかったからだという。弱輩の鹿之助は藤田からモデルを譲りうけるが、その扱いに手こずっていると、「ああいうのを扱えなきゃ一人前の男じゃないよ」と、女性遍歴の豊富な先輩から諭されたエピソードも紹介されている。

かと思っていると、金子光晴（一八九五～一九七五）、森三千代（一九〇一～七七）との東京での出会いからはじまりハチャメチャな船旅の後に、パリにおける奇妙な夫婦生活までが活写される。

最後に岡鹿之助が再登場し、敬愛する作曲家モーリス・ラヴェル（一八七五〜一九三七）に捧げる油彩を仕上げ、それは『ラヴェル讃』と題され、一九三九年のサロン・ドトンヌに出品された。これをもって、この画家が当時のパリで藤田嗣治と並び、日本を代表する両巨頭にまでのしあがったことを著者は描きたかったのであろうか。


ここで主たる登場人物たちの動向に立ち入ってみたい。

エコール・ド・パリの日本人画家、藤田嗣治については、最近も数々のすぐれた伝記や研究が出版されている（近藤文人『藤田嗣治「異邦人」の生涯』（講談社、二〇〇二年）や林洋子《藤田嗣治の一九二〇年代末の壁画表現　パリ日本館〈欧人日本への到来の図〉の制作プロセス》「日本研究」三十二号、二〇〇六年）を参照されたい）ので、わたしごとき素人が嘴を挟むのを控えたい。

次に、金子光晴についてであるが、若くして詩集『こがね蟲』を発表し、独自の自伝『ねむれ巴里』をはじめ、数々の名作を書き残しているが、パリにおける金子光晴と森美千代のへんてこな夫婦生活は常人の想像をはるかに超えている。

いまでこそ誰も驚かないことであろうが、光晴・美千代にあっては、二人が男女の関係をもち始めた早い段階で、夫婦になっても互いの自由をしばらないという誓約をしていた。まさに未来のジャン＝ポール・サルトルとシモーヌ・ド・ボーヴォワールばりの誓約といえようが、のちに夫婦間の性的義務（devoirs conjugaux）を怠る光晴の留守に、三千代は別の恋人をつくり、夫は「しょびたれたコキュとその妻」で嘆き悲しみながらもどうにか耐え忍ぶが、パリでも光晴を苦しめることになる(ちなみにコキュ[妻を寝取られた男]にされた光晴の嘆きには、フランスでの武林無想庵(一八八〇～一九六二)とその妻・文子の類例がある)。

はたまた、著者はパリで金子光晴と詩人ロベール・デスノス(一九〇〇～四五)との出会いを捉え、二人に詩論をたたかわせたかったのであろうか。なるほど下巻に「二人の詩人の奇妙な出会い」と題された章があるが、これは原作者の牽強付会としかわたしには思えない章だ。当時、デスノスが置かれていた立場からも、また金子光晴が辿ってきた道からも二人に共通する点が見いだせることから、著者がパリで二人を会わせたかった気持ちはわかる。当時、藤田嗣治が住んでいたモンスーリ(Montsouris)の一軒家で偶然に二人の詩人が居あわせたことはあったかもしれないが、ロベール・デスノスと金子光晴との語らいは、「架空の対話」とか「幻想における架空のもの」であると著者は再三断っているとはいえ、この章は原作者の勇み足の感がつよい。

なるほどデスノスはシュルレアリスト詩人として出発しながらも、アンドレ・ブルトン(一八九六～一九六六)らの共産党入党を期に初期の仲間と袂をわかち、どちらかというとアナキストに近い、一匹狼的な詩人として活躍していたのは事実であるし、他方、光晴の方も、日本ではげしかった「アナかボルか」の理論闘争には無関心で、これまたどちらかというとアナキスト的資質のある一匹狼的な詩人として独自の世界を歩んできたことも事実であろう。

たしかに金子光晴にボードレールやヴェルレーヌの原詩を訳すほどのフランス語の読解力があっ

たことは否定できないにしても、彼がデスノスとの出会いにおいて、わが国の文学者や詩人の逸話をデスノスに紹介するくらいならともかくも、萩原朔太郎（一八八六〜一九四二）の詩をすらすらとフランス語に訳してフランスの詩人をうならせるくだりはありえない話であるちがいない。

それとも、藤田嗣治とユキ＝リュシー・バデューとの決裂寸前の夫婦関係、さらには彼ら二人とユキににじり寄る詩人ロベール・デスノスとの三角関係を描きたかったのであろうか。

この大作は、首尾よくユキと別れた藤田嗣治が新しい恋人マドレーヌ・ルクーと南米旅行にでかける前で終わっているので、ユキとデスノスとの成り行きがどうなったかについては、残念ながら読者に知らされないままなので不満が残る。

結論として、映画製作と同様、なにをもって「おわり」にするかは文学作品についても同じことがいえそうで、一九二〇〜三〇年代のパリを舞台にして、あまりにも多種多様な人間模様を取り上げすぎたために、清岡の大作でも竜頭蛇尾に終わっているという印象は否めないのである。

初出一覧

ただし、プロローグと読書ノートを除き、いずれの拙論も加筆・修正した。


プロローグ▼「日仏交流のはじまり」書き下ろし。

第一章▼「造船技師ヴェルニーと海港ブレスト―日仏交流の原点を求めて」財団法人・全国建設研修センター編『国づくりと研修』第九三号・夏、二〇〇一年、六四～六五頁。

第二章▼「ナポレオン三世の対外政策―遠隔地メキシコと日本の場合」『仏蘭西学研究』第三七号、二〇一一年。

第三章▼「岩倉具視使節団とフランス―明治の日本人に見えなかったもの」特定非営利活動法人・米欧亜回覧の会編著『小論集　岩倉使節団と米欧回覧実記』所収、二〇一二年。

第四章▼「パリ・コミューン、ルイズ・ミシェル、大佛次郎」『仏蘭西学研究』第三八号、二〇一二年。

第五章▼「ゾラ『壊滅』と大佛次郎『パリ燃ゆ』をめぐって」『仏蘭西学研究』第四一号、二〇一五年。

第六章▼「大佛次郎『天皇の世紀』とフランス―かくれたテーマを求めて」『仏蘭西学研究』第四〇号、二〇一四年。

第七章▼「ドイツ占領下のリヨンを生き抜いた瀧澤敬一―そのご遺族を現地に訪ねて」『仏蘭西学研究』第四二号、二〇一六年。

第八章▼「日系フランス人の住むニューカレドニア再訪―わたしのチオ村紀行」『仏蘭西学研究』第三九号、二〇一三年。

第九章▼「比較翻訳論の試み―フランス人の翻訳観を中心に」早稲田大学語学研究所、紀要第五五号、二〇〇〇年。

第十章▼「読書ノート―清岡卓行『マロニエの花が言った』を読む」未発表。

あとがき

わが国には、フランス文化や文学の愛好者は、多数いるにちがいない。では日仏交流は、どのようにはじまり、どの分野からはじまったのか、という問いに答えられる人となると、専門家を除くと、意外に少くなっていくだろう。

フランス文学を例にとってみよう。これはだれしも一度ぐらいは口ずさんだことがあるにちがいない有名な訳詩だ。

秋の日の
ヴィオロンの
ためいきの
身にしみて
ひたぶるにうら悲し。

（ヴェルレーヌ「落葉《らくえふ》」上田敏訳『海潮音』から）

上田敏（一八七四〜一九一六）の名訳の日本語が多少古臭い思う人には、これはどうだろうか。

シャボン玉
シャボン玉の中へは
庭は這入れません。

（ジャン・コクトー原詩　堀口大學訳）

大半の日本人はこれらの美しい名訳を介し、漠然とではあるが、フランスとの交感ははじまった、と想像しがちではないだろうか。

事実をいうと、日本への本格的なフランス文学［直接訳］の紹介はどの分野よりも「一番後れた」のだ。

本書は、このような「日本文化史」でも「フランス文化史」でもない日仏交流史からいくつかの実例を取り上げ、分析し、わたしなりの「回答」を出そうとした試みである。

大学の仏文科の講義では、「雑学」として切りすてられる領域である。

ほかに本書刊行の動機として、長年十八世紀フランス文学・思想をかじってきたわたしが、日本仏学史学会第六代会長の大役（二〇一〇〜一二年）を仰せつかったということも挙げられるかもしれない。というのも日本仏学史学会は両国のさまざまな交流を研究する機関だからだ。

ここで余談であるが、モンペリエ大学留学時代の恩師ジャック・プルースト教授（一九二六〜二〇〇五）について苦い思い出がある。

あれは、たしか一九六九年の暮れ、東京へ帰国直前のことかと記憶する。プルースト教授はモンペリエ大学で講演を終えられたルソー研究の世界的権威と目されるジュネーヴ大学のジャン・スタロバンスキー教授と一緒に弱輩のわたしを自宅の夕食に招いてくださった。

食卓での話題は最近の十八世紀研究をめぐる両巨頭のやりとりにもっぱら終始していたが、突如どちらかがわたしに「日本はどのような状況か」と質問をされたのだった。むろん、スタロバンスキー教授の名著、『ルソー透明と障害』の訳書がわが国でも刊行され、大きな反響をよんでいる等までは説明できたが、その後が続かなかった。せめて部分的であれ、本書第九章で展開した翻訳論の一端でも紹介できていれば……といまにして思う。


肝心の本書のなりたちと構成について。

巻末の初出一覧でしめしたように、各種掲載誌に発表した拙論からなりたっているため、各章はいわば独立した論考で構成されている。その結果、どこからお読みいただいてもまったく差支えない利点を有するかわりに、難点は引用や言及が重複する部分が多いことである。一時は、ダブル部分を削ろうと試みたが、そうすると文章全体のバランスがくずれてしまうので、結局そのままにせざるをえなかった。

本書の刊行は次の方々のご協力なしには実現しなかった。

まず、ご多忙中、過分な「序文」を書いてくださった畏友、阿尾安泰教授にたいして、厚くお礼を申し上げたい。というのも、なん年か前に彼が承諾されたのは、本書ではなく、別の拙著(未刊)への「序文」だったからである。にもかかわらず、彼の専門外の拙著への「序文」執筆を快諾された上に、このような中身の濃い玉稿で本書の冒頭を飾ることができたのは、望外の喜びである。

次に、今回も初校・再校ゲラを綿密にチェックしてくださったのは、母校の同窓、平野実氏(日本仏学史学会副会長)であり、わたしの生来の生硬な文章を読者がすこしでも読みやすいように最大の努力を払ってくださった。

また、体調不良のわたしを献身的に支え続けてくれたのは、妻富子であった。衷心より感謝したい。

最後に、現今のように出版事情の最悪の時に、本書の刊行を快諾された彩流社社長、竹内淳夫氏に、また前回同様に、わたしの数々の気ままな注文に応じて下さった同社編集部河野和憲氏にも満腔の謝辞を申し上げたい。

市川慎一

二〇一六年四月　目黒川の桜満開の頃　北品川にて

【著者】

市川慎一

…いちかわ・しんいち…

1936年東京生まれ。早稲田大学第一文学部卒業。1966-69年フランス政府給費留学生。現在、早稲田大学名誉教授。18世紀フランス思想・文学および比較文化専攻。慶應義塾大学特別招聘教授、マドリッド・アウトノマ大学およびコリーマ(メキシコ)大学客員教授を歴任。日本仏学史学会元会長。主な著編書に『啓蒙思想の三態―ヴォルテール、ディドロ、ルソー』(新評論)、『ジャン＝ジャック・ルソー 政治思想と文学』(早稲田大学出版部)、『アカディアンの過去と現在』(彩流社)、『老残教師のマドリッド奮闘記―アウトノマ大学での四十二時間―』(青山社)。訳書に『百科全書』(ジャック・プルースト著、共訳、岩波書店)、『フランス百科全書絵引き』(同、共訳、平凡社)、『十八世紀フランス思想―ヴォルテール、ディドロ、ルソー』(ダニエル・モルネ著、共訳、大修館書店)、『マネの生涯』(アンリ・ペリュショ著、共訳、講談社)、『アガグック物語』(イヴ・テリオー著、共訳、彩流社)等多数。なお、海外向けのHPも参照されたい。http://www.f.waseda.jp/sichikawa/

Sairyusha

わたしの日仏《にちふつ》交流《こうりゅう》史《し》研究《けんきゅう》ことはじめ

二〇一六年五月二十日　初版第一刷

著者——市川慎一

発行者——竹内淳夫

発行所——株式会社 彩流社

〒102-0071

東京都千代田区富士見2-2-2

電話：03-3234-5931

ファックス：03-3234-5932

E-mail：sairyusha@sairyusha.co.jp

印刷——明和印刷(株)

製本——(株)難波製本

装丁——中山銀士

ISBN978-4-7791-2224-8 C0021

http://www.sairyusha.co.jp